红河学院
HONGHE UNIVERSITY
学术文库丛书

全面深化改革背景下的云南富宁县域经济社会发展

罗家祥　倪慧　著

中国社会科学出版社

图书在版编目(CIP)数据

全面深化改革背景下的云南富宁县域经济社会发展 / 罗家祥，倪慧著．
—北京：中国社会科学出版社，2016.5
ISBN 978-7-5161-7687-0

Ⅰ.①全… Ⅱ.①罗…②倪… Ⅲ.①区域经济发展 - 研究 - 富宁县 ②社会发展 - 研究 - 富宁县 Ⅳ.①F127.744

中国版本图书馆 CIP 数据核字(2016)第 037609 号

出 版 人	赵剑英
责任编辑	宫京蕾
责任校对	曹占江
责任印制	何　艳

出　　版	中国社会科学出版社
社　　址	北京鼓楼西大街甲 158 号
邮　　编	100720
网　　址	http://www.csspw.cn
发 行 部	010 - 84083685
门 市 部	010 - 84029450
经　　销	新华书店及其他书店

印刷装订	北京市兴怀印刷厂
版　　次	2016 年 5 月第 1 版
印　　次	2016 年 5 月第 1 次印刷

开　　本	710×1000　1/16
印　　张	11.75
插　　页	2
字　　数	200 千字
定　　价	48.00 元

凡购买中国社会科学出版社图书，如有质量问题请与本社营销中心联系调换
电话：010 - 84083683
版权所有　侵权必究

《红河学院学术文库》编委会

主　任　甘雪春

副主任　安学斌

委　员　陈　灿　彭　强　田志勇　张灿邦　张平海
　　　　　张永杰　何　斌　马洪波　杨六金　刘　卫
　　　　　吴伏家　刘艳红　路　伟　龙庆华　洪维强
　　　　　王　全　杨文伟　雷明珍　张　谛　梁　健
　　　　　孙玉方　徐绍坤

《红河学院学术文库》总序

红河学院地处红河哈尼族彝族自治州州府蒙自市，南部与越南接壤。2003年升本以来，学校通过对高等教育发展规律的不断探索、对自身发展定位的深入思考，完成了从专科到本科、从师范到综合的"两个转变"，实现了由千人大学向万人大学、由外延扩大到内涵发展的"两大跨越"，走出了一条自我完善、不断创新的发展道路。在转变和跨越过程中，学校把服务于边疆少数民族地区的经济社会发展、服务于桥头堡建设、服务于培养合格人才作为自己崇高的核心使命，确立了"立足红河，服务云南，辐射东南亚、南亚的较高水平的区域性、国际化的地方综合大学"的办学定位，凸显了"地方性、民族性、国际化"的办学特色，目前正在为高水平的国门大学建设而努力探索、开拓进取。

近年来，学校结合区位优势和独特环境，整合资源和各方力量，深入开展学术研究并取得了丰硕成果，这些成果是红河学院人坚持学术真理、崇尚学术创新，孜孜以求的积累。为更好地鼓励具有原创性的基础理论和应用理论研究，促进学校深入开展科学研究，激励广大教师多出高水平成果和支持高水平学术著作出版，特设立"红河学院学术著作出版基金"，对反映时代前沿及热点问题、凸显学校办学特色、充实学校内涵建设等方面的专著进行专项资助，并以《红河学院学术文库》的形式出版。

学术文库凸显了学校特色化办学的初步成果。红河学院深入实施"地方性、民族性、国际化"特色发展战略，着力构建结构合理、特色鲜明、创新驱动、协调发展的学科建设体系，不断加大力度推进特色学科研究，形成了鲜明的学科特色，强化了特色成果意识。学术文库的出版在一定程度上凸显了我校的办学特色，反映了我校学者在研究领域关注地方发展、关注民族文化发展、关注边境和谐发展的胸怀和视域。

学术文库体现了学校力争为地方经济社会发展作贡献的能力和担当。服务社会是大学的使命和责任。学术文库的出版，集中展现了我校教师将科研成果服务于云南"两强一堡"建设、服务于推动边疆民族文化繁荣、提升民族文化自信、助推地方工农业生产、加强边境少数民族地区统筹城乡发展的追求和担当，进一步为促进民族团结、民族和谐贡献智慧和力量。

学术文库反映了我校教师在艰苦的条件下努力攀登科研高峰的毅力和信心。我校学者克服了在边疆办高等教育存在的诸多困难，发扬了蛰居书斋，沉潜学问的治学精神。这批成果是他们深入边疆民族贫困地区做访谈、深入田间地头做调查、埋头书斋查资料、埋头实验室做研究等辛勤耕耘的成果。在交通不畅、语言不通、信息缺乏、团队力量薄弱、实验室条件艰苦等不利条件下，学者们摒弃了"学术风气浮躁，科学精神失落，学术品格缺失"的陋习，本着为国家负责、为社会负责、为学术负责的担当和虔诚，展现了追求学术真理、恪守学术道德的学术品格。

本次得到学校全额或部分资助并入选文库的著作涵涉文学、经济学、政治学、教育学等学科门类的七部专著，是对我校学术研究水平的一次检阅。尽管未能深入到更多的学科领域，但我们会以旺盛的学术生命力在创造和进步中不断进行文化传承和科技创新，以锲而不舍的精神和舍我其谁的气质勇攀科学高峰。

"仰之弥高，钻之弥坚；瞻之在前，忽焉在后"，对学术崇高境界的景仰、坚韧不拔的意志和自身的天分与努力造就了一位位学术大师。红河学院人或许不敢轻言"大师级"人物的出现，但我们有理由坚信：学校所有热爱科学研究的广大师生一定能继承发扬过去我们在探索路上沉淀的办学精神，积蓄力量、敢于追梦，并为努力实现"国门大学"建设的梦想而奋勇前行。当然，《红河学院学术文库》建设肯定会存在一些问题和不足，恳请各位领导、各位专家和广大读者不吝批评指正，以期帮助我们共同推动更多学术精品的出版。

甘雪春

2013 年 10 月

前　言

富宁县位于云南省文山州东部，南与越南河江省苗旺、同文两县接壤，东与广西百色市那坡县毗邻，西与广南、麻栗坡两县相连，国道323线和广昆高速公路贯穿县境，是云南通往广西、广东等沿海地区的"东大门"和"桥头堡"。全县国土面积5352平方公里，辖新华、归朝、剥隘、里达、木央、田蓬6个镇和板仑、者桑、洞波、谷拉、那能、花甲、阿用7个乡，共145个村（居）委员会2568个村小组。居住着汉、壮、苗、彝、瑶、仡佬6个民族，总人口41.83万人，其中农业人口37.28万人，占总人口的89.12%；少数民族人口31.75万人，占全县总人口的75.9%。富宁县是一个集"老、少、边、山、穷、战"为一体的国家重点扶持县。"老"，是指富宁有着光辉的革命史，邓小平、张云逸等老一辈无产阶级革命家领导的红七军曾在这里生活和战斗过，被中央确定为全国一类革命老区县。"少"，是指富宁少数民族人口比例大，占总人口的75.9%。"边"，是指富宁与越南山水相连，国境线长75公里。"山"，是指境内山高坡陡，地势狭窄，山区面积占96%。"穷"，是指县贫民穷，经济社会发展底子薄、基础差，截至2010年，仍有14万人处于贫困线以下。"战"，是指富宁新中国成立以后长期处于屯兵积粮和支前参战的前沿阵地，全县人民为捍卫祖国尊严和领土完整作出了巨大的牺牲和贡献，支前参战使富宁错失了许多发展机遇，一定程度上延缓了经济社会发展步伐。

改革开放之后，特别是进入21世纪以来，富宁县沐浴着改革开放的春风，抢抓机遇、务实创新，经济社会发展取得明显成效。21世纪的第二个十年（2010—2020），是富宁县全面深化改革，实现"新常态"下经济社会协调发展的重要10年。2015年，富宁县的发展步入"十二五"规划的最后一年，奋斗的历程难以忘怀，发展的经验弥足珍贵。这五年来的实践给富宁县经济社会发展以重要启示，也为迎接"十三五"指明了发展方向。首先，继续深化改革，以坚忍不拔的精神开创各领域发展的新局面，将继续为富宁的发展赢得新机遇；其次，全力打造开放新格局，以兼容并包的气度展示和谐发展的新气象，将继续为富宁的发展赢得新优势；第三，强化服务意识和团结干事意识，以强劲的动力赢得人民的信任和支持，将继续为富宁的发展赢得新空间。归根结底，未来的发展要以党的十八大、十八届三中全会、四中全会的重要精神为指导，把握经济发展新常态，适应国内外形势新变化，顺应全县人民过上更好生活新期待，全面深化改革，释放经济社会发展新能量，坚持以工业化、城镇化、信息化、农业现代化为重点助推县域经济，以结构调整为主导壮大特色优势产业，以基本公共服务均等化为中心统筹城乡发展，以改革开放为动力创新体制机制，以加强保障和改善民生为重点促进社会和谐，以社会主义核心价值观为纽带凝聚人心，培植重大通道经济、加快边疆老区发展，努力建设富裕富宁、法治富宁、文明富宁、和谐富宁、生态富宁。

目 录

第一章 全面深化改革 促进富宁经济社会发展的总体方略 …… (1)
  第一节 全面深化经济体制改革,促进经济持续健康发展 …… (2)
    一 完善社会主义市场经济体制 …… (3)
    二 深化财税体制改革 …… (6)
    三 深化土地管理制度改革 …… (7)
    四 深化科技体制改革 …… (8)
    五 深化农村综合改革,促进"三农"大发展 …… (9)
    六 构建开放型经济新体制,打造沿边开放新格局 …… (12)
  第二节 全面深化政治体制改革,彰显社会主义政治文明 …… (16)
    一 坚持和完善党的领导,推进人民代表大会制度与时俱进 …… (16)
    二 推进协商民主制度化、规范化和程序化 …… (17)
    三 加强基层民主制度建设,实现人民当家做主 …… (20)
    四 提高依法治县能力,建设法治富宁 …… (22)
    五 推进行政管理体制改革,建设法治政府和服务型政府 …… (24)
  第三节 全面深化文化体制改革,打造生动、活泼、和谐的文化环境 …… (25)
    一 加快完善文化管理体制和文化生产经营机制 …… (25)
    二 构建现代公共文化服务体系,建立健全现代文化市场体系 …… (26)
    三 增强文化软实力和影响力,提高文化开放水平 …… (27)
  第四节 全面深化社会体制改革,社会民生事业全面进步 …… (28)
    一 深化教育领域综合改革 …… (29)

二　健全促进就业创业体制机制 …………………………（30）
　　三　形成合理有序的收入分配格局 ………………………（30）
　　四　建立更加公平可持续的社会保障制度 ………………（30）
　　五　深化医药卫生体制改革 ………………………………（31）
　　六　坚持城乡统筹，提升城镇化质量 ……………………（31）
第五节　全面深化生态文明体制改革，建设美丽富宁 ………（32）
　　一　健全自然资源资产产权制度和用途管制制度 ………（32）
　　二　严格生态红线管控 ……………………………………（33）
　　三　完善生态补偿和资源有偿使用制度 …………………（33）
　　四　创新生态环境保护管理体制机制 ……………………（34）

第二章　全面深化改革进程中的富宁县域经济发展 …………（35）
第一节　"十二五"期间富宁县经济发展的总体状况 …………（35）
　　一　经济发展的原则、战略取向、空间开发格局 ………（35）
　　二　经济发展所取得的成绩 ………………………………（40）
第二节　"十二五"期间富宁县实现经济发展新突破 …………（46）
　　一　坚持重点突破，着力深化经济体制改革 ……………（46）
　　二　围绕"三农"发展大规划，着力推进社会主义新农村
　　　　建设 ……………………………………………………（47）
　　三　突出重点工业项目建设，着力推进工业经济提质
　　　　增效 ……………………………………………………（51）
　　四　优化结构布局，着力促进服务产业繁荣发展 ………（52）
　　五　注重园区建设，着力推动通道经济集聚发展 ………（53）
　　六　加大基础设施建设，着力增强发展后劲 ……………（53）
　　七　坚持项目带动，着力激发发展活力 …………………（54）
第三节　"十二五"期间富宁县经济发展中呈现的问题及取得的
　　　　经验 ……………………………………………………（55）
　　一　经济发展中呈现的问题 ………………………………（55）
　　二　经济发展中取得的经验 ………………………………（56）
　　三　进一步加大经济领域的改革 …………………………（57）
第四节　"十三五"期间富宁县经济发展的思路和目标 ………（62）
　　一　经济发展的指导思想和基本原则 ……………………（62）

二　经济发展的战略定位和空间布局 …………………………（63）
　　三　经济发展的目标任务和指标体系 …………………………（65）
第五节　"十三五"期间富宁县经济改革重点 ……………………（65）
　　一　完善基本经济制度 …………………………………………（66）
　　二　完善经济发展体制机制 ……………………………………（67）
　　三　统筹城乡一体化发展 ………………………………………（68）
　　四　深化农村经济工作改革 ……………………………………（69）

第三章　全面深化改革进程中的富宁县域政治发展 ………………（71）
第一节　加强民主法制建设力度，促进边疆社会和谐稳定 ……（71）
　　一　加强精神文明建设 …………………………………………（71）
　　二　加强民主法制建设 …………………………………………（72）
　　三　保障边防巩固与社会和谐稳定 ……………………………（72）
第二节　深化行政管理体制改革，加快政府职能转变 …………（73）
　　一　正确履行政府职能 …………………………………………（73）
　　二　加快行政审批制度改革 ……………………………………（73）
　　三　深化投资体制改革 …………………………………………（74）
第三节　加强干部队伍建设，提高基层党组织的领导水平和服务
　　　　水平 ……………………………………………………………（74）
　　一　全力推进领导班子和干部队伍建设 ………………………（75）
　　二　全力打造基层服务型党组织建设 …………………………（76）
　　三　全力做好干部人才教育培训工作 …………………………（79）
　　四　深化拓展"四群"教育工作 ………………………………（80）
　　五　"十三五"深化干部队伍建设改革的思考 ………………（81）
第四节　积极推进人民民主，完善基层民主 ……………………（87）
　　一　加强和改进人大和政协工作 ………………………………（87）
　　二　巩固基层民主政治建设 ……………………………………（89）
第五节　维护法律尊严，全面推进依法治县 ……………………（90）
　　一　依法治县的基本保障 ………………………………………（91）
　　二　加快职能转变 ………………………………………………（92）
　　三　推进制度建设 ………………………………………………（95）
　　四　完善行政决策 ………………………………………………（97）

五　规范行政执法 …………………………………………… (99)
　　六　加强权力监督 …………………………………………… (100)
  第六节　健全惩治和预防腐败体系，建设廉洁政治………………… (102)
　　一　"十二五"期间富宁在预防和惩治腐败方面的努力 …… (102)
　　二　"十二五"期间富宁预防和惩治腐败取得的阶段
　　　　成果 ……………………………………………………… (104)
　　三　"十二五"期间富宁预防和惩治腐败中存在的问题 …… (107)
　　四　"十三五"富宁县将全面深化预防和惩治腐败体系
　　　　改革 ……………………………………………………… (108)

第四章　全面深化改革进程中的富宁县域文化发展……………… (115)
  第一节　培育和践行社会主义核心价值观 ………………………… (116)
　　一　广泛开展社会主义核心价值观宣传教育 ……………… (117)
　　二　广泛开展公民思想道德建设实践行动 ………………… (117)
　　三　广泛开展群众性精神文明创建活动 …………………… (117)
  第二节　推进边疆老区文化的传承与创新 ………………………… (118)
　　一　深入挖掘民族民间文化资源，实施文化精品工程
　　　　战略 ……………………………………………………… (118)
　　二　积极推进民族民间文化的传承、保护 ………………… (118)
　　三　着力修复一批文物古迹 ………………………………… (118)
　　四　着力申报一批非物质文化遗产 ………………………… (118)
  第三节　加强民族文化交流，促进文化多元发展 ………………… (119)
　　一　着力实施一批国门文化形象工程 ……………………… (119)
　　二　着力创作一批文化艺术精品 …………………………… (119)
　　三　着力培育一批特色文化产业 …………………………… (120)
　　四　着力举办系列文化体育活动 …………………………… (120)
　　五　着力培养一批文化人才队伍 …………………………… (121)
  第四节　加强文化建设，丰富人民精神文化生活 ………………… (121)
　　一　着力夯实一批文化基础设施 …………………………… (121)
　　二　努力完善公共文化服务体系建设 ……………………… (121)
　　三　保护与开发利用相结合，推进城乡和谐发展 ………… (122)
　　四　着力推进一批文化惠民工程 …………………………… (122)

第五章　全面深化改革进程中的富宁县域社会发展………… (123)

第一节　努力办好人民满意的教育………………………… (124)
一　教育发展的指导思想和总体思路……………………… (125)
二　教育发展的目标任务…………………………………… (126)
三　教育发展的保障措施…………………………………… (128)

第二节　加快科技成果的推广和应用……………………… (132)
一　科技成果推广和应用现状……………………………… (132)
二　制约科技成果推广和应用的因素……………………… (135)
三　加快科技成果推广和应用的建议……………………… (137)

第三节　繁荣文体广播事业………………………………… (139)
一　基本情况………………………………………………… (139)
二　工作成效………………………………………………… (140)
三　存在的困难和问题……………………………………… (143)
四　对策及建议……………………………………………… (144)

第四节　健全就业和社会保障体系………………………… (145)
一　加大基础设施建设，保障能力进一步增强…………… (145)
二　加大社会救助资金投入，救助能力进一步提升……… (146)
三　加大监督检查，管理措施进一步强化………………… (146)
四　加大宣传力度，工作氛围进一步改善………………… (146)
五　加强组织领导，任务目标进一步明确………………… (147)

第五节　深化医药卫生体制综合改革，提高人民健康水平…… (148)
一　继续深化医药卫生体制改革，构建可持续的卫生事业
　　发展机制………………………………………………… (149)
二　健全公共卫生服务体系，提高公共卫生保障能力…… (151)
三　大力发展社区卫生服务，构建新型城市医疗卫生服务
　　体系……………………………………………………… (153)
四　加强卫生人才队伍建设，构建卫生科技创新体系…… (153)
五　加强医院管理，提高医疗机构服务能力……………… (154)

第六节　完善人才培养制度，建设高素质人才队伍……… (154)
一　构建党管人才协调联动机制…………………………… (155)
二　建立人才培养培训机制………………………………… (155)

三　健全人才激励机制 …………………………………………… (155)
　　四　创新人才引进机制 …………………………………………… (156)
　　五　完善人才流动机制 …………………………………………… (156)

第六章　全面深化改革进程中富宁县生态文明建设 ……………… (157)
　第一节　美丽边疆梦——富宁生态文明建设推进状况 …………… (157)
　第二节　尊重自然——建立共生共融的生态农林体系 …………… (162)
　　一　林业生态建设工程 …………………………………………… (162)
　　二　退耕还林工程 ………………………………………………… (162)
　　三　低效林改造 …………………………………………………… (162)
　　四　特色产业发展 ………………………………………………… (163)
　　五　农村能源建设 ………………………………………………… (164)
　　六　生态公益林补偿 ……………………………………………… (164)
　　七　自然保护区建设 ……………………………………………… (164)
　第三节　顺应自然——积极探索和发展循环经济 ………………… (165)
　　一　集约利用各种要素资源 ……………………………………… (165)
　　二　大力发展循环经济 …………………………………………… (166)
　　三　认真落实国家产业政策 ……………………………………… (166)
　第四节　保护自然——创新生态环境保护管理体制 ……………… (167)
　　一　明确生态环境保护体制机制创新工作目标 ………………… (168)
　　二　建立环境保护管理制度，独立进行环境监管和行政
　　　　执法 ………………………………………………………… (168)
　　三　建立陆水统筹的生态系统保护修复和污染防治区域联动
　　　　机制 ………………………………………………………… (169)
　　四　健全国有林区经营管理体制，推进集体林权制度
　　　　改革 ………………………………………………………… (169)
　　五　完善环境信息公布制度，健全举报制度 …………………… (169)
　　六　完善污染物排放许可制，实行企事业单位污染物排放总量
　　　　控制制度 …………………………………………………… (170)
　　七　实行生态环境损害赔偿和责任追究制度 …………………… (170)

主要参考文献 ………………………………………………………… (172)

后记 …………………………………………………………………… (174)

第一章

全面深化改革　促进富宁经济社会发展的总体方略

富宁经济社会发展总体思路：全面贯彻落实党的十八大、十八届三中、四中全会、中央经济工作会议、中央农村工作会议、中央城镇化会议和省委九届七次全会、州委八届五次全会精神，坚持以邓小平理论、"三个代表"重要思想、科学发展观和习近平总书记系列讲话重要精神为指导，着力推进新型工业化、城镇化、信息化和农业现代化，以全面深化改革为动力，主动寻求跨区域合作和加快经济转型升级，壮大产业促跨越，打牢基础强后劲，统筹城乡惠民生，改革开放增活力，做到稳中有快、稳中有质、稳中有效，不断开创富宁经济社会跨越发展新局面。具体工作方略：八个"更加注重"。

——更加注重忧患意识，深化经济体制改革稳步发展。强化逆水行舟、不进则退的忧患意识，牢固树立"大发展大困难、小发展小困难、不发展最困难"的理念，立足县情，以改革增动力，努力在资源配置与市场竞争、效益提升与产业结构调整、经济社会发展与环境保护等方面融合发展实现双赢，促进经济社会全面、协调、可持续发展。

——更加注重通道建设，依托区位优势特色发展。富宁作为云南东大门和全省对外开放"桥头堡"的沿边达海优势更加显现，充分发挥好独特的区位优势，加快构建集高速公路、铁路、港口为一体的经济大通道，努力在建设区域经济合作、发展沿边临海经济上取得新突破，促进县域经济活力发展、特色发展。

——更加注重创新思路，扩大跨省合作共赢发展。眼界决定境界，思路决定出路。必须大胆探索创新，跳出县域地理人文资源限制，冲破"大资源、小产业"困境，大力发展开放型经济，努力在优势互补、扩大合作上迈出新步伐，促进主导产业向园区集中、关联产业在园区配套、产业集群在园区扎堆，加快实现大开放大合作共赢发展。

——更加注重项目带动，着力夯实基础聚力发展。牢固树立"社会民生靠财政、基础设施靠融资、产业投资靠招商"的发展理念，健全完善项目策划、建设、管理、运作机制，靠项目增后劲、抓项目增投资，以项目投资推动经济社会快发展大发展。

——更加注重招商引资，创新工作机制借力发展。坚持把招商引资作为发展的重中之重，作为集聚各类生产要素、加速资本积累的关键途径。采取招商引资和招才引智并举，突出抓好园区招商、企业招商、产业链招商，以大招商引外力借外脑，在承接东部产业梯次转移上实现借力发展。

——更加注重民生福祉，突出以人为本和谐发展。关注和改善民生是发展的出发点和落脚点，必须处理好群众最关注、最直接的利益问题，以最真的感情、最硬的措施、最大的力度，全力保障群众学有所教、劳有所得、病有所医、老有所养、住有所居，促进社会和谐发展。

——更加注重违法整治，优化社会环境保驾发展。环境就是生产力，更是竞争力。必须坚持以硬措施建设软环境，重拳打击破坏社会稳定、扰乱市场秩序等行为，牢牢把握政府对城乡用地和土地综合利用规划的主导权、牢牢把握土地一级市场开发的主导权、牢牢把握城乡征地补偿和拆迁安置的主导权，积极构建开明宽容的舆论环境、公正严明的法治环境、公平有序的市场环境、诚实守信的信誉环境、周到细致的服务环境，为经济社会又好又快发展保驾护航。

——更加注重自身建设，提升效能服务引领发展。依法执政、民主执政、科学执政是建设人民满意政府的根本，必须转变职能、改进作风，自我创新，自我激励，自我约束，以提升效能引领经济社会科学发展、跨越发展。

第一节 全面深化经济体制改革，促进经济持续健康发展

经济体制改革是全面深化改革的重点，核心问题是处理好政府和市场的关系。政府与市场的关系，是现代经济社会发展中最为基本、也最具争议的一个问题。党的十八届三中全会的一个重要突破，是提出了市

场在资源配置中起决定性作用,同时强调更好地发挥政府作用。这既是对国内外长期历史经验的精辟总结,更是指明了深化改革的方向和目标。在新的历史条件下,如何处理好政府这只"看得见的手"与市场这只"看不见的手"的关系,面临着比以往更多的新问题、新挑战。在经历了高速增长后,我国经济正在进入中高速增长阶段。在增速放缓的同时,经济结构和增长动力正在发生转折性变化:消费比重超过投资比重,服务业比重超过第二产业比重,外贸增速降低后内需比重相应上升,劳动力总量减少,资源环境压力持续加大,经济增长将更多地依靠生产率提升和创新驱动。与这种经济发展的"新常态"相适应,政府与市场的关系必须做出相应调整。一是要完善市场体系,加快建设开放、竞争有序的商品市场及技术、产权、资本、人力资源、土地等要素市场,实现商品和要素自由流动、平等交换。二是要完善市场规则,实行统一的市场准入制度,建立公平开放透明的市场规则。三是健全主要由市场决定价格的机制,凡是能由市场形成价格的,都交给市场。

一 完善社会主义市场经济体制

让市场机制在资源配置中发挥决定性作用,是完善社会主义市场经济体制的重要步骤。我国走上发展社会主义市场经济道路的时间并不长,我们的市场经济还很不健全,很不成熟,需要继续探索和完善。让市场在资源配置中发挥决定性作用,就是要做到:进一步扩大企业自主权,提高各类市场主体的自主决策水平;完善市场体系,消除市场壁垒,使各种生产要素在各地区、各部门自由有序流动,实现要素的优化配置;健全市场规则,激励市场主体在技术、产品、管理、组织以及制度等方面进行自主创新并获得创新红利,优胜劣汰。同时必须指出的是,强调市场的决定性作用不能忽视其固有的缺陷,市场在资源配置中发挥决定性作用不等于完全依靠市场进行资源配置,更不等于放任市场进行资源配置,市场配置资源应当在科学的制度框架内进行,以便最大限度地降低市场自发调节的弊端可能造成的危害。①

---

① 何自力:《如何认识西方"大市场小政府"的市场经济模式》,《红旗文稿》2014 年第 22 期。

围绕完善社会主义市场经济体制，富宁县在"十二五"发展时期做了以下几方面的工作。

第一，完善由市场决定价格的机制。凡是能由市场形成价格的，都交给市场，政府不再进行不当干预，重点规范市场主体价格行为。政府定价范围主要限定在重要公用事业、公益性服务、网络型自然垄断环节，放开竞争性环节价格。深化资源性产品价格改革，建立健全优势资源开发促进发展和生态保护的价格形成机制，完善用电、用水、用气阶梯价格制度。健全粮食、甘蔗、水产等重要农产品价格保护机制。

第二，加快建设开放、竞争有序的产品、技术、产权、资本、劳动力资源、自然资源、土地等各类市场，实现商品和要素自由流动、平等交换。实行统一的市场准入制度，在制定负面清单基础上，各类市场主体可依法平等进入清单之外的领域。改革市场监管体系，实行统一的市场监管，限期清理和废除妨碍统一市场和公平竞争的各种规定和做法。健全监管体制和机制，反对垄断和不正当竞争。建立健全诚信褒扬、失信惩戒的社会信用体系，建设诚信富宁。健全市场化退出机制，完善企业破产制度。推进工商注册制度便利化，削减资质认定项目，实行先照后证和注册资本认缴登记制度。

第三，加快金融市场体系建设。鼓励国内外金融机构来富宁设立分支机构以及后台服务机构，支持民间资本积极探索设立中小型银行、村镇银行、小额贷款公司、担保公司、典当行等金融机构和组织。抓住云南省与广西壮族自治区建设沿边金融综合改革试验区的机遇，推进沿边金融综合改革，优化县政府金融办职能，规范完善现有城投、铁投等投融资平台，深化"三权三证"、渔业产权融资抵押，积极引导各金融机构创新金融产品，增强金融对实体经济的服务功能。加大金融对重点项目、"三农"、中小微企业和园区、民营经济的支持力度。

第四，完善基本经济制度，进一步激发市场经济活力。坚持和完善公有制为主体、多种所有制经济共同发展的基本经济制度，是巩固和发展中国特色社会主义制度的重要支柱。一是加快推进国有资产监管体制改革，以管资本为主加强国有资产监管，逐步实现经营性国有资产的相对集中统一监管。二是加快发展混合所有制经济，推动国有、集体与非公有资本等交叉持股、融合发展，优化国有企业股权结构。三是大力发展民营经济，坚持权利平等、机会平等、规则平等，废除对民营经济发展的各种不合理规定，清理各种限制性措施以及损害公平竞争的规定。

围绕以上四方面的工作，富宁县强化市场在资源配置中的决定性作用，完善政府经济调节、市场监管、社会管理和公共服务的职能，努力培育公平开放、竞争有序的商品市场和产权、资本、土地等要素市场，积极完善工程建设、土地出让、产权交易、政府采购和资源开发等领域的市场准入机制，提高资源配置效率和公平性。

"十二五"期间，富宁县经济发展经受住了市场价格低迷等考验，努力抓好重点工业项目建设，实现鸿浩罗非鱼加工厂、大山木业林板一体化生产线、永鑫糖业原料蔗生产线技改项目顺利投产，稳步推进金泰得血塞通生产线技改、普阳煤矿五期技改扩建等项目建设，规模以上工业企业发展到10家，工业经济保持快速增长。消费服务行业持续活跃。实现第三产业增加值20.3亿元，占全县GDP总量的34.8%，增长11.4%，拉动经济增长4.4个百分点；税收达1.4亿元，占全县财政总收入的23.5%。新增农村惠农支付服务网点60个，实现行政村全覆盖。完成房地产开发投资1.68亿元、增长22.3%，实际交易面积达6.8万平方米，增长71.2%，交易金额2.3亿元、增长1.5倍。汽车、通讯、家电等消费快速增长，批发零售、住宿餐饮、邮政、道路运输等传统服务业持续活跃。休闲文化旅游等现代服务业占比明显提高，第三产业逐步发展成为提高群众生活水平、拉动经济增长的重要力量。

但是，经济发展中也暴露了两个方面的重要问题：一是产业结构不合理，经济增长过分依赖资源性产业，新兴产业发展步伐缓慢，保持经济持续快速增长的任务依然艰巨。二是快速增长的经济社会建设投资与用地、融资、环保等发展因素制约矛盾突出，发展后劲不足的难题仍需进一步破解。三是仍需进一步认清市场与政府之间的关系。在完善社会主义市场经济体制的过程中，要正确理解更好发挥政府的作用。妖魔化政府在市场经济中的正当地位和作用是西方"大市场小政府"市场经济模式的最大弊端，西方经济发展出现的严重问题，都与这个弊端有千丝万缕的关系。有学者认为："在健全和完善社会主义市场经济体制的过程中，必须强调更好发挥政府的作用。强调更好发挥政府的作用不是要弱化市场的作用，更不是要用政府替代市场，而是要让政府帮助市场更好地发挥决定作用,让政府做市场做不了、做不好的事。"①

二 深化财税体制改革

"十二五"期间,富宁县深入推进地方财税预算改革,继续抓好营业税改增值税试点工作,完善财政公开制度,优化财政预算支出结构,强化政府在教育、卫生、社会保障等基本公共服务领域的支出责任,规范专项资金和转移支付支出。深化投资体制改革,支持社会资本积极参与重点产业、重大项目和基础设施等领域投资。加强国有资产运营管理,提高国有资产收益。抓住云南广西建设沿边金融综合改革试验区的机遇,积极开展沿边金融、地方金融改革创新先行先试工作,培育金融实体,发展金融服务网络,提升金融服务水平。

完善县与镇区财政体制,合理确定事权与财权,合理安排财政收入分配,保证镇区财政健康运行。加快实施全面规范、公开透明的预算制度,全面编制公共财政预算、社会保险基金预算、国有资本经营预算、政府基金预算和政府性债务预算,政府性资金全部纳入财政预算管理,实现财政预算、决算的透明、精细管理要求。整合财政专项资金,集中财力办大事,提高财政资金使用效益。探索建立用市场配置资源、用竞争选择项目的创新投入机制。建立绩效评价体系,加强财政资金专项绩效管理和综合绩效管理,强化支出责任。推进财政信息公开,实行财政预决算、部门预决算和三公经费预决算公开,逐步推行行政经费决算公开和重大财政专项支出公开。探索财政性存款管理机制,确保财政性存款收益最大化。加强政府性债务管理,严格举债审批程序,机关事业单位、政府融资平台、国有企业和镇区举债,由县统一审批;严控举债规模和债务成本,根据项目性质和资金需求,合理合规选择融资方式,严控债务风险。加强国有企业和国有资产管理,强化经营者业绩考核,确保国有资产保值增值。加强财政资金监管,定期开展审计监督,限期实施决算审计。进一步规范政府采购制度,实行政府购买公共服务项目分类管,推动政府购买公共服务,凡属事务性管理服务适合社会力量承担

---

① 何自力:《如何认识西方"大市场小政府"的市场经济模式》,《红旗文稿》2014年第22期。

的，引入政府采购公开竞争机制，探索以承包、委托、采购等方式交给社会力量承担。稳步推进"营改增"改革，建立完善地方税收保障协调机制，加强社会综合治税。

深化财税金融投资体制改革，提升财税保障能力。科学的财税体制是优化资源配置、维护市场统一、促进社会公平的制度保障，富宁县加快健全完善责任清晰、结构合理、管理严格的财税体制：一是深入推进预算改革，实施全面规范、公开透明的预算制度；二是清理整合规范专项资金和专项转移支付项目；三是理顺政府间事权，努力实现事权和支出责任相适应；四是进一步深化投资体制改革，规范政府投资行为，出台政府投资办法；五是规范政府融资方式和举债行为，建立财政部门统一归口的政府债务管理机制和权责明确的政府性债务偿还机制。

三 深化土地管理制度改革

加快推进全县农村集体土地确权登记颁证工作。在符合规划和用途管制前提下，允许集体经营性建设用地出让、租赁、入股，实行与国有土地同等入市、同权同价。完善对被征地农民的合理、规范、多元保障机制。探索农村集体经营性建设用地流转新模式。扩大市场配置国有土地的范围，减少非公益性用地划拨。严格落实《富宁县土地一级市场开发管理暂行办法》，规范土地一级市场开发管理，健全土地租赁、转让、抵押二级市场。完善土地复垦和城乡建设用地增减挂钩政策。

抓好土地督查，立案查办"违法买卖土地、违法建设"案件179起，依法拆除违法建筑17户2861平方米，依法关闭拆除黏土砖厂10家，关停违法违规开采的矿山企业12家。制定出台《富宁县土地一级市场开发管理暂行办法》，逐步规范土地一级市场开发管理。完成高速公路出入口市政绿化、迎宾路改造、马市街道路修复、新华中心学校片区路面硬化、人行天桥修建，以及县城路灯节能改造等群众反映强烈的市政设施建设。老城区改造取得重大突破，上海国际公馆、钻石大厦、香樟苑等房地产开发项目和保障性住房建设顺利推进。投资3786万元，集中开展普厅河城区段及周边支流河道清淤、护栏改造和那马河者桑段河道治理工作。

根据2014年中共中央办公厅、国务院办公厅联合印发的《关于引导农村土地经营权有序流转发展农业适度规模经营的意见》，落实农村土地所有权、承包权和经营权"三权分置"，推动农业适度规模经营，加快农业现代化进程。按照党的十八届三中全会提出的"鼓励承包经营权在公开市场上流转，发展多种形式适度规模经营，培育新型农业经营主体，构建集约化、专业化、组织化、社会化相结合的新型农业经营体系"的要求，富宁县农村土地流转速度明显加快，土地流转总体上平稳健康。但一些乡镇也出现了个别侵农、夺农现象。比如"以租代征"搞商业开发、土地流转乱摊派指标、农民利益诉求"被代表"、工商企业长时间大面积低价租赁农户承包地等问题。总体来说，规范农村土地流转，必须严守政府权力的边界、农民权益的边界、规模经营的边界和资本下乡的边界，加快土地承包经营权确权颁证工作，把土地承包关系用法律的形式固定下来。推动农村产权制度改革。赋予农民对集体资产股份占有、收益、有偿退出及抵押、担保、继承权。建立规范的登记制度，加快推进农村承包地、宅基地及住房、林地确权登记颁证工作。鼓励农民以转包、出租、互换、转让、股份合作等形式流转土地承包权，鼓励农民以承包经营权入股发展农业产业化经营。保障农户宅基地用益物权，改革完善农村宅基地制度，试点探索、慎重稳妥推进农民住房财产抵押、担保、转让。建立完善农村产权流转交易市场和交易制度，推动农村产权流转交易公开、公正、规范运行。

四 深化科技体制改革

建立健全原始创新、集成创新、引进消化吸收再创新的体制机制。围绕全县支柱产业、优势产业和特色产品开发，开展创新行动计划。加大科技推广普及力度，强化企业在技术创新中的主体地位，发挥龙头企业创新骨干作用，激发中小企业创新活力。加大对油茶、甘蔗、畜牧、渔业等产业的科技开发力度，用高新技术和先进适用技术改造传统产业，推动产业和产品升级。加强培育战略性新兴产业，引导人才资源向企业集聚，加快推进高新技术产业和战略性新兴产业可持续发展。加强知识产权运用和保护，健全技术创新激励机制。打破行政主导和部门分割，建立主要由市场决定技术创新项目和经费分配、评价成果的机制。

结合该县产业发展方向、发展重点，广泛做好先进适用技术的推广和应用，提高产业技术水平。加大科技研发力度，建立符合产业发展的科技服务体系和科技研发中心，重点要建设好金泰得三七药物、八角、油茶研发中心，在科技创新上取得新突破。大力培养优秀科技管理人才和农村实用技术人才；加大知识产权保护力度，强化科技中介服务体系建设，支持各类经济实体与县内外科研院所的合作，支持建立多元化的研究开发机构，支持县内企业到发达地区进行合作与研究开发。加强科普工作，贯彻落实《科学素质计划》，提高全民科技素质，大力抓好科学技术知识的普及和宣传，弘扬科学精神，积极创建全国科普示范县，形成学科学、爱科学、用科学的良好风尚。

五 深化农村综合改革，促进"三农"大发展

农村是中国稳定和发展的重要蓄水池。"三农"问题是中国的"三弱"问题，"三农"问题也是中国最艰巨、最复杂、最需要大胆探索和突破的问题。"三农"问题不仅是一个经济问题，也是一个政治和社会问题。解决好"三农"问题是全党工作的重中之重。党中央历来高度重视"三农"工作，已经连续10年下发了聚焦"三农"发展的"一号文件"，形成了统筹城乡发展的一系列制度和政策安排，虽然我们正处于"政策红利"时代的尾声，但政策的有效性仍然存在，并且还存在政策叠加的现实和预期。党的十八大从中国特色社会主义事业总体布局出发，提出解决好农业农村农民问题是全党工作的重中之重，城乡发展一体化是"三农"问题的根本途径，这是实现全面建成小康社会宏伟目标的政治宣言和行动纲领，无论从保障供给看还是从扩大内需看，无论从经济总量看还是从人均收入增长看，无论从经济发展看还是从五位一体布局看，对农业农村发展的要求越来越高。

新中国成立后，富宁先后经历了抗法援越、抗美援越和对越自卫反击战等多次作战，特别是对越自卫反击战期间，富宁县作为对越作战的主战场之一，全县各族群众一切为了前线，一切为了胜利，把所有精力、原始积累、粮食物资等全部投入到支前作战上，为捍卫祖国尊严和领土完整作出了巨大的牺牲和贡献，田蓬镇沙仁寨"87个人78条腿"成为富宁边境各族人民遭受战争创伤的真实写照。由于富宁长期参战，特别是1979年至1989年中越关系非正常化期间，全县人民全力支前参

战,这一时期正是内地狠抓经济建设的关键时期,而战争使富宁错过了一次次发展的黄金机遇,直到1994年富宁才被国家批准为开放县,正式开始战后恢复建设和发展经济,但由于战争影响的程度深、遗留问题多,生态环境和基础设施破坏严重,全县农业生产条件差,工业基础薄弱,地方财政收入低,群众增收困难、生活贫困、发展能力弱,导致富宁县与内地各县的发展差距越拉越大。从全县经济社会发展全局看,农村仍然是非常薄弱的环节,农业仍然是弱质的产业,农民仍然是弱势的群体。作为一个传统的农业县,尽管农业生产上有一些比较优势,但"三农"问题仍然突出,集中表现在"五个不高":城乡收入差距较大,农民生活水平仍然不高;农业综合生产能力不强,农村生产力水平仍然不高;农业农村经济结构不够合理,农村经济增长的质量和效益仍然不高;农村社会事业发展滞后,社会文明程度仍然不高;农村工业化和城镇化发展滞后,对"三农"的带动效应仍然不高。因此,实现赶超跨越发展最薄弱的环节仍然是农业滞后,统筹城乡发展最大障碍仍然是农村落后,建设美丽乡村最严重的制约仍然是农民增收。

为此,富宁县委、县政府把"三农"发展大规划作为一项重要工作来抓,专门成立规划编制工作领导机构和工作组及时开展工作,在认真开展调查摸底的基础上,深入分析全县"三农"发展现状和存在问题,对照全面实现小康社会的总体目标要求,找准差距,进一步明确全县2013—2020年"三农"发展目标、工作重点和建设任务,科学制定实施规划和工作措施,创新"三农"工作措施和发展模式,为最终与全国、全省、全州同步实现全面建成小康社会具有重要的指导和促进作用。

第一,巩固发展基础农业。认真落实惠农政策,粮食种植面积65万亩以上、总产量15万吨以上,发展蔬菜4.7万亩,水果4.5万亩,出栏肉牛12.8万头,出栏生猪61.7万头,确保主要农产品市场供应稳定。

第二,加快推进农业产业化进程。稳定现有甘蔗种植面积,新植、翻种5万亩以上;抓好油茶、八角管护抚育,稳步推进新植扩面工作;加快建设睦伦特色农业园,探索发展石斛等中药材产业及林下经济;罗非鱼养殖产量3万吨以上。发展农业经营组织和农民专业合作社30个以上,加快推进"三权三证"、渔业产权等融资抵押工作。

第三,抓好农村基础设施建设。实施田蓬小流域石漠化综合治理和木央、田蓬"兴地睦边"土地整治项目,新建、维护"五小水利"工程4800件(次)。完成洞波普峨、木央那滚等6个"美丽乡村"项目、8个行政村整村推进、5个深度贫困村、4个异地搬迁安置、5个产业扶持项目建设,全面完成山瑶安置点建设。

第四,全面优化农业特色产业结构与布局,以甘蔗、油茶、八角、速生丰产林、罗非鱼养殖和畜牧业为主导的高原特色农业产业发展加快。建立发展农民专业合作社激励机制,新扶持了一批类型多样、特色鲜明的合作社,农民组织化程度不断提高。"三权三证"确权颁证工作稳步推进,为激活金融服务"三农"奠定基础。中低产田地改造力度加大,农村道路、水利、能源、信息网络等基础设施建设不断夯实,发展承载能力明显提升。

第五,创新城乡一体化体制机制,推进新型城镇化进程。健全城乡统筹发展体制机制,形成以工促农、以城带乡、工农互惠、城乡一体的新型工农城乡关系,让广大农民平等参与现代化进程、共同分享现代化成果。一是要加快构建新型农业经营体系,推动农业经营向集约化、专业化、组织化、社会化相结合方向发展,积极培育新型农业经营主体。二是赋予农民更多财产权,探索抵押、担保、租赁、入股、流转和允许农村集体经营性建设用地出让、租赁、入股等改革,推动农村产权流转交易公开、公正、规范运行。三是深化户籍制度改革,促进有能力在城镇稳定就业和生活的农业转移人口有序实现市民化。四是建立城乡一体的基本公共服务供给制度,逐步推进城乡公共资源均衡配置。

第六,健全完善"三农"工作机制。进一步建立健全"以工哺农、以城带乡"和以多渠道投入、综合考核、人才队伍建设、社会管理等为主服务"三农"的长效机制。把实施"三农"发展大规划作为破解"三农"问题的总抓手,继续抓好八大工程的建设。完善党员干部驻村担任常务书记、新农村建设指导员、"三农"发展大规划组织实施工作挂钩联系等制度。整合乡(镇、街道)各类便民服务机构,建立新型村(社)区管理体制,提高公共服务和社会管理能力。

富宁要强,农业必须强;富宁要美,农村必须美;富宁要富,农民必须富。把实施"三农"发展大规划作为破解"三农"问题的总抓手，坚持家庭经营在农业中的基础性地位，推进家庭经营、集体经营、合作经营、企业经营共同发展，鼓励按照有主体、有基地、有加工、有品牌、有展示、有文化的"六有"要求发展农业庄园，推进和规范农民专业合作社建设，继续扶持龙头企业、种养大户等现代农业经营主体，全面提升农业农村发展水平。坚持农村基本经营制度，创新农业经营和农产品营销方式，加快培育新型农业经营主体，积极发展股份合作和专业合作组织。加快农村产权确权颁证，积极探索农村产权流转、抵押、担保机制，盘活农村土地和农民资产，实现农村资产增值增效。

2014年，陈锡文在第二届隆平论坛上的讲话指出，我国农业整体形势逐年趋好，但当前我们至少面临着六大方面的挑战和压力，第一大压力就是面临着国际国内农产品价格倒挂的压力；第二大压力就是农业生产成本上升的挑战；第三大压力就是中国是WTO成员国的挑战；第四大压力就是农业的生态环境系统已经难以承受当前这种生产方式的压力；第五大压力就是农业科技的实力不强；第六大压力就是农业生产的组织化程度和市场化程度比较低。要面对压力，迎难而上，在"十二五"的收关之年和"十三五"时期实现"三农"大发展，在发展中还要全面深化和细化各方面的改革。

六 构建开放型经济新体制，打造沿边开放新格局

构建开放型经济体制，提升对外开放的层次和水平。立足富宁沿边区位优势，把握国家扩大沿边开放、稳定发展周边的战略机遇，坚持以开放促改革、以开放促发展：一是创新沿边开发开放机制，加快田蓬边境经济合作区建设，积极争取设立富宁综合保税区；二是加快实施引进来和走出去战略，提高外经、外贸、外资工作的质量和效益；三是探索跨省合作与开发管理的新机制、新模式，加快推进文山—百色跨省经济合作园区建设。

推进全方位大开放。依托云南东大门的区位优势，抓住桥头堡建设机遇，推动云桂铁路、富宁港、富田口岸公路、国道323线提级改造、富那高速公路等重点交通基础设施建设，构建对外开放重要通道和平台，积极融入泛珠三角经济区、北部湾经济区，加强与周边地区在经

济、文化、旅游、人才、技术、金融等方面合作和交流，实现双边或多边互利共赢。全面启动和实施《左右江革命老区振兴—文山区域规划》，强化与省内其他州（市）以及与贵州省、广西壮族自治区相关州（市）的合作协作，形成稳定长效的区域合作协调机制，实现优势互补。

推进沿边金融综合改革试验区建设。按照《云南省广西壮族自治区建设沿边金融综合改革试验区总体方案》的总体要求，建立工作机制，搭建工作平台，落实相关政策，全力实施推进各项试点工作，在跨境金融业务创新、人民币资本项目可兑换、多层次资本市场体系建设、跨境电子商务结算等方面先行试验。鼓励商业银行在口岸设立服务网点，布设ATM、POS机具等基础服务设施，进一步加大对企业跨境贸易及投资金融服务的支持力度，采取中越双方金融机构互开本币账户，畅通跨境人民币清算通道，为边贸企业和个人提供准确、高效和安全的跨境人民币结算业务服务。提升边境口岸金融服务功能，加强口岸地区货币兑换点建设，鼓励具备国际结算业务资格的银行业金融机构开展人民币业务服务。

培育开发开放创新试验区。加快文山—百色跨省经济合作区建设，把文山—百色跨省经济合作区建设成为全国跨省经济合作示范区、全国水电铝和铝深加工示范区。推进田蓬口岸申报国际级口岸工作，积极争取设立富宁港综合保税区。以合作园区、工业园区、边境口岸为有效载体，加强对沿海发达地区生产要素的吸纳，主动承接沿海发达地区特别是珠江三角洲产业转移，积极发展形成特色产业聚集、物流要素集约的通道经济。积极探索富宁八宝州内区域合作发展新模式，加快构建跨县经济一体化发展新格局。

创新边境管控和边境劳务合作新模式。推进边境社会管理信息化建设、网络信息管理，建设智能边境线，边管部门形成合力，推进口岸通关便利化改革，实施"一站式"通关模式，探索沿边口岸、边境城镇、经济合作区在人员往来、加工物流、互市贸易、旅游等方面实行差别化政策。规范边境通道、便道管理，推进"路长制"建设新模式。探索边境流动人口服务和劳务合作新模式，制定沿边地区劳务管理措施，积极争取国家批准在沿边地区建立开放劳动力市场，实现边境地区劳务双向流动先行先试。

"十二五"期间,富宁县配合抓好"一港一铁一线一路"的项目建设,加大县域经济干线、县乡公路、路网断头连接公路等项目规划储备力度,着力构建内联外通的交通大格局,开放型经济进入新局面。

园区建设和边贸经济取得新成效。超前谋划,积极主动,全力争取文山—百色跨省经济合作园区落户板仑乡,完成园区意向性选址、设立筹备机构、制定方案等相关前期工作。富宁边境贸易加工园区总体规划修编、板仑冶金建材加工区控制性详规及各专项报告通过省级审批备案,归朝生物资源加工区控制性详规、环评报告通过州级审批,头塘物流加工区规划编制工作稳步推进。完成板仑冶金建材加工区9公里供水管网架设,1.88公里入园道路路基铺设,110千伏输变电工程项目征地工作。完成归朝生物资源加工区0.8公里入园道路扩建,启动建设110千伏输变电工程项目。田蓬口岸联检楼、查验仓库及货场综合楼改造、出入境通道路面硬化等配套设施建设基本完成,启动"一关两检"生活用房项目建设。工业园区入驻企业12家,完成园区工业总产值10亿元,增长1.8倍。边境贸易进出口总额5.3亿元,增长17%。

积极参与区域合作取得新突破。主动加强区域合作,充分利用富宁的区位和资源优势,增强对周边地区产业和要素的吸引和集聚能力。加强与周边地区在农副产品加工、矿业联动、制造业等行业的产业链分工合作,加强区域经济技术协作,积极占领在专业市场、物流、研发设计、人才、发展平台等环节的制高点,加快打造优势行业、优势环节的区域性中心,力争在激烈的区域竞争中处于有利位置。重点加强与省内、广西以及越南等的对外交流活动,积极组织参与昆交会、珠洽会、南博会、中越国际商贸旅游展洽会等大型商贸展洽活动,增进与周边地区友谊合作,使富宁在区域化中谋求更大发展。一是主动融入第三亚欧大陆桥和云南面向西南开放的桥头堡建设。进一步转变发展方式,扩大对外开放,提高经济发展的外向度。二是主动融入泛珠三角经济圈。实施互利共赢的开放战略和重点突破区域发展战略,大力发展外向型经济。发挥作为云南通往两广和沿海发达地区的桥头堡优势和作用,率先融入泛珠三角经济区,有选择地承接东部产业转移,主动接纳泛珠三角经济区特别是粤、浙、沪等地区的资金、技术、人才、信息和产业的辐射，加强与广西周边县市的经贸合作和资源开发。三是加快融入东盟经济实体步伐。积极发展全方位合作交流和区域合作分工，构建商品贸易、投资合作、高层论坛、旅游服务和文化交流平台，为东盟和其他地区的企业走进富宁架起桥梁。四是主动融入北部湾经济区。发挥富宁县紧邻北部湾经济区的优势，重视并主动参与北部湾经济区发展合作，拓展富宁县扩大开放和区域合作领域。五是主动融入西江经济带建设。充分利用广西打造"西江亿吨黄金水道"的重大机遇，尽快促成百色水利枢纽过船设施建设，使富宁港成为"黄金水道"西江经济带发挥重要作用的港口之一，在加快建设西江经济带的热潮中有所作为，推动富宁县经济快速发展。

进一步加大招商引资力度。建立招商激励机制，改善投资服务环境，坚持以项目为载体，继续实施"大招商，招大商"战略，积极引导资金投向优势特色产业集群，鼓励资金集聚工业园区，投向生物资源加工、矿产资源精深加工、建材加工、新能源开发、化工产业、轻工制造业重点领域。确立重点招商引资工作机制，积极寻求与大企业、大公司、大财团的对接。拓宽融资渠道，吸引国内外资本、民间资本，使投资主体形成多元化。积极实施"招商选资"策略，从单纯引进外资的数量规模向质量规模和产业链构筑、培育转变，着重引进技术含量高、产业关联强、财政贡献大、环境污染小的大项目。2014年完成招商引资34.3亿元，增长22.9%。

扎实抓好对外贸易。按照规划切实推进口岸基础设施建设，完成田蓬口岸升级为国家级口岸。突出地方特色，充分挖掘历史、文化、民族资源，加大招商引资力度，多形式、多渠道筹措资金，切实推进口岸小城镇建设步伐。加大对外贸企业的培育、扶持力度，充分利用国际、国内两个资源、两个市场，引导企业开拓国外市场，吸引外资融入县域经济发展。调整进出口产品结构，大力发展出口产业，把"引进来"和"走出去"有机结合，在抓好口岸货物贸易、互市贸易等传统贸易的基础上，突出抓好加工贸易、服务贸易、边境经济技术合作、口岸物流等重点项目的规划和发展，提升口岸承载能力项目支撑，打牢口岸发展基础。加强与越方的会谈、会晤、联系、沟通和合作，本着与邻为善、互惠互利、共同发展的原则，切实推动双边基础设施建设步伐，促进双边企业的交流和合作，最终实现共同发展的目标。

2015年，富宁县将继续全面贯彻落实党的十八大、十八届三中、四中全会、中央和省委经济工作会议以及州委八届七次全会精神，以邓小平理论、"三个代表"重要思想、科学发展观为指导，深入贯彻落实习近平总书记系列重要讲话精神，坚持稳中求进、稳中求快的工作总基调，以提高经济发展的质量和效益为中心，科学认识、主动适应经济发展新常态，把转方式调结构放到更加重要的位置，全面深化改革，突出创新驱动，推动优势特色产业发展壮大，着力保障和改善民生，促进经济持续增长和社会和谐稳定，圆满完成"十二五"规划目标任务。

第二节　全面深化政治体制改革，彰显社会主义政治文明

一　坚持和完善党的领导，推进人民代表大会制度与时俱进

坚持人民主体地位，推动人民代表大会制度理论和实践创新。健全"一府两院"由人大产生、对人大负责、受人大监督制度。健全人大讨论、决定重大事项制度，各级政府重大决策出台前向本级人大报告。加强人大预算决算审查、国有资产监督职能。加强人大常委会和人大代表的联系，通过健全代表联络机构、网络平台等形式，密切人大代表同人民群众联系。完善人大工作机制，推进人大工作与时俱进。

坚持和依靠党的领导，是人大工作遵循的根本原则，也是做好新形势下人大工作的根本保证。而发展社会主义民主政治，最根本的是要把坚持党的领导、人民当家做主和依法治国有机统一起来。五年来，县人大常委会主动接受、自觉服从、积极维护县委领导，重大事项及时向县委请示汇报，重要工作和重大活动事先征求县委的意见，取得县委的原则同意和支持，确保了县委决策部署在人大工作中得到贯彻落实。实践证明，只有坚持和依靠党的领导，人大工作才能坚持正确的政治方向，地方国家权力机关才会有作为、有地位、有权威。

在坚持党的领导的前提下，县人民代表大会始终服务发展大局。发

展是党执政兴国的第一要务，服务发展是人大工作的永恒主题，也是人大职责所在，只有服务科学发展，人大才能有所作为。五年来，常委会始终坚持审议为发展支招，调研为发展献策，视察为发展解难，执法检查为发展护航，发挥代表作用为发展给力，从而有力地保障和促进了全县经济社会更好更快发展。

在坚持党的领导的前提下，县人民代表大会始终坚持履职为民。人大及其常委会是由人民选举产生，代表人民行使权力。人民赋予的不仅是权力，也是责任、信任和期望。五年来，常委会始终坚持人民利益至上，运用各种监督形式，督促解决山瑶扶持发展、蔗糖产业发展、民生保障、教育、就医、食品药品安全、农村饮水安全、生态环境等关乎人民群众切身利益的问题，使人民群众充分享受到改革发展带来的成果，常委会也因此得到人民群众的信任和支持。

在坚持党的领导的前提下，县人民代表大会始终依靠人大代表。人大代表是人民代表大会的主体，是人大工作的基础，是推动经济社会发展的重要力量。五年来，常委会多渠道培训代表，多形式组织代表活动，多举措督办代表议案建议，调动了代表履职的积极性，也促进了人大工作的发展。实践证明，只有紧紧依靠人大代表，人大工作才具有坚实的群众基础，才能保持旺盛的生机和活力。

二　推进协商民主制度化、规范化和程序化

认真贯彻落实党的十八届三中全会精神，坚持完善中国共产党领导的多党合作和政治协商制度，充分发挥人民政协作为协商民主重要渠道作用，推进协商民主广泛、多层、制度化发展。把政治协商纳入决策程序，坚持协商于决策之前，增强民主协商实效性，不断推进决策科学化、民主化。建立健全协商资政制度，争取尽快制定出台对口协商、界别协商、提案办理协商、专题协商四个方面的制度，努力在"协商资政"上迈出新步伐。创新协商形式，进一步规范协商议题的确定机制、协商程序的操作机制、协商成果的反馈机制，着重做好协商之前各个环节的基础工作，丰富协商的内容，增加协商的密度，对事关富宁县经济社会发展的重大问题和群众切身利益的实际问题广泛协商，通过多种履职活动形式，为协商民主提供更多的载体和平台。组织开展各种视察、

评议等活动，广纳群言、广集民智，不断推动社会主义民主政治建设。

着力增强"核心"意识，切实践行三大职能。围绕中心、服务大局、关注民生、促进和谐，是政协工作的出发点和落脚点。因此，政协必须增强核心意识，坚持和依靠党的领导，做到"党政想什么、政协议什么，党政抓什么、政协帮什么，群众盼什么、政协说什么"，切实当好县委政府的参谋和助手。坚持主动作为，贡献"有力有为"之策，紧紧围绕富宁县发展战略、发展定位、发展思路和奋斗目标，把工作的主要精力放在对经济社会发展趋势和全局的把握上，放在对加快发展、富民强县的综合性、全局性和前瞻性问题的思考上，放在党委政府关注的大事要事和难点热点问题的研究上。重点关注文山—百色跨省经济合作区、城乡统筹发展规划、城市发展总体规划、特色优势产业培育和农村土地流转等方面，积极深入开展调查研究；围绕"三农"发展大规划、老城区改造、火车站片区规划、富宁港和田蓬口岸建设等重点项目开展专题视察，为县域经济社会发展发挥积极作用。增强民主监督主动性和使命感，着力解决"不愿监督"、"不敢监督"和"不会监督"的问题，加强同有关部门单位沟通合作，完善监督机制，采取视察、提案、反映社情民意、开展民主评议、听证会等形式，加强对各部门执行法律、法规和贯彻落实政策情况的民主监督，切实促进经济社会和民生事业的健康发展。

着力加大督查督办，促进提案办理落实。政协提案是政协履行职能最直接、最有效的方式之一，是政协委员、政协各参加单位和各专委会围绕经济建设、政治建设、文化建设、社会建设、生态文明建设献计出力的重要体现。在办理提案过程中，各有关方面要从全县经济和社会发展的大局出发，认真贯彻落实《关于进一步加强人民政协提案办理工作的实施意见》，进一步深化对政协提案办理工作重要性的认识，推进政协提案工作制度化、规范化、程序化。加大提案办理督办力度，改进提案办理督查办法，推动形成县委政府主要领导阅批重点提案、政协领导督办重点提案、县委政府督查室和县政协办公室分工督办提案、政协提案法制联络委专题督办提案、承办单位领导督办本部门提案的"五位一体"提案督办机制，确保提案办理质量稳步提高。建立健全承办单位提案办理责任制度，加强沟通联系，积极面商座谈，切实采纳合理化意见建议，主动解决提案反映问题，促进提案办理落实，确保发展成果更多地惠及人民群众，进一步夯实县域经济社会平稳健康发展的社会基础。

着力加强协调联系，促进社会和谐发展。坚持发扬民主、增进团结、协调关系、化解矛盾的优良传统，努力为各人民团体、社会各族各界人士搭建参政议政的平台，积极开展联合调研，鼓励和支持各人民团体、社会各族各界人士参与重大方针政策的协商讨论。坚持和完善各项行之有效的联系沟通制度，以专委活动、小组活动、座谈会、茶话会等各种联谊活动为载体，进一步加强同社会各族各界人士的联系，把各方面的智慧和力量凝聚到促进富宁发展上来；通过联结乡情、友情、亲情，加强与富宁籍在外创业人士的联系，广泛汇聚县经济社会发展的正能量。加强与省、州沟通对接，争取在重大项目建设方面开展联合调研视察，提升县级政协工作水平和影响力。带着问题和任务，加强与省内外发达地区县（市、区）政协工作交流，借鉴先进地区经验，广泛宣传富宁，扩大富宁县的知名度。继续做好"三亲"史料及《对越自卫还击暨防御作战》的征编工作，积极挖掘、抢救、保护地方文化资料，认真做好《富宁县文史资料选编》第三辑的后续编撰工作。积极组织委员活动，支持政协委员小组、界别及参加单位开展各类活动，充分利用优势积极发挥作用。

着力搭建履职平台，加强政协自身建设。政协工作干得好不好，关键看委员的主体作用发挥得好不好。政协是"舞台"、委员是"主角"，要优化委员结构，重视委员素质，既要考虑委员的代表性，又要提高委员参政议政能力，要加强委员培训教育，注重沟通联系，增强委员的凝聚力；要搭建平台、畅通渠道、创新方式，为委员参政议政提供条件，同时建立委员履职档案，完善反馈、通报、评比、表彰等激励机制，调动委员履职的积极性。积极探索在乡镇、学校、企业、社区、社团组织创建"政协委员之家"，不断拓展和延伸政协委员参政议政、服务大局、关注民生、促进和谐的深度和广度。政协作为一个平台，作用十分重要，委员单枪匹马力量是不足的，需要各专门委员会充分发挥组织引领作用，进一步规范和完善由政协专委会牵头的委员小组活动形式。在各乡镇建立委员小组活动室，让乡镇委员活动有阵地、议政有平台、办事有组织、学习有资料、履职有痕迹，充分发挥委员小组作用，推进政协委员小组工作常态化和制度化。继续开展好以"提出一件提案、反映一条社情民意、参与一次调研视察、参加一次委员活动、为群众办一件实事好事"为内容的"五个一"实践活动。进一步加强政协机关建设，以建设"学习型、服务型、创新型"机关为载体，按照"内强素质、外树形象"的要求，注重学习教育、增强使命意识，注重制度建设、增强规范意识，注重环境建设、增强协作意识，注重形象建设、增强文明意识，注重文化建设、增强知行合一意识，促进机关工作协调统一、规范有序、灵活高效运转，逐步提升政协工作的科学化水平。

今后，要围绕团结和民主两大主题，推进人民政协政治协商、民主监督、参政议政制度建设。完善协商民主体系，拓宽协商渠道，规范协商内容程序，提高协商成效。健全委员联络机构，完善委员联络制度。发挥统一战线在协商民主中的重要作用，加强同各民主党派和无党派人士的团结合作，不断巩固和壮大最广泛的爱国统一战线。充分发挥人民政协作为协商民主重要渠道的作用，各级党委和政府、政协制定并组织实施协商年度工作计划，把政治协商纳入党委、政府的决策程序。加强专题协商、对口协商、界别协商、提案办理协商制度建设，推进政治协商、民主监督、参政议政制度化、规范化、程序化。

三 加强基层民主制度建设，实现人民当家做主

如何进一步加强和改进基层民主法治建设，全力打造安全、稳定、和谐的政治环境，有力促进经济及各项社会事业的健康有序发展，实现人民当家做主，健全社会主义法治，促进社会主义民主制度化、法制化，保障社会主义政治文明建设健康有序地向前推进，是新的历史时期对地方各级人大及其常委会提出的新任务、新要求。

"十二五"期间，富宁县进一步加强基层民主法制建设，不断完善县、乡人民代表大会制度，牢牢把握住以下三个问题。

坚持党的领导，保证人大工作正确的政治方向。第一，紧紧围绕党委的中心工作来开展人大工作，按照党委的部署和阶段性重点工作，通过开展切实有效的工作，保障和促进党委提出的各项工作目标实现；第二，经过一定程序将党委的意图转变为国家和人民意志，通过正确有效地行使重大事项决定权、监督权和国家工作人员任免权，使党委的主张

和决策在人大及其常委会通过的各项决议、决定和开展的各项活动中得到充分的体现,并保障和促使其得到切实有效的落实;第三,及时向党委报告和沟通联系,凡属人大工作的重大事项,如作出的重要决议、决定,重要视察、年度工作等,及时向同级党委报告,使党委及时了解人大工作,自觉接受党委的领导,取得支持,保证人大工作健康顺利有效地向前推进。

充分发挥人大及其常委会的职能作用,把人民当家做主的权利落实好。县人大及其常委会紧密结合本地具体实际,采取切实有效的措施,保障宪法、法律的认真实施,坚决纠正有法不依、执法不严,违法不究和以权压法等现象,保证依法行政、司法公正。一是要勇于创新。人大工作法律性强、程序性强,但创新的空间仍然非常宽广,通过观念创新、工作创新、制度创新和理论创新,不断促进人大工作。根据发展变化的新形势,不断调整和完善工作制度,建立适合国家权力机关特点的充满活力的组织运行机制,促进各项工作向规范化、制度化和法制化方向发展。二是要大胆监督。要充分行使宪法和法律赋予的权力,理直气壮地监督,在敢于监督上下功夫。在日常监督中,要适应社会主义市场经济发展的客观要求,围绕党委工作中心开展,注重和谐稳定、社会发展等问题,要切实提高常委会的审议效果。

坚持走群众路线,做好乡镇人大工作。做好乡镇人大工作是基层民主政治建设的需要。随着我国民主制度的不断发展和人民代表大会制度的不断完善,乡镇人大工作越来越发挥着重要的基础性作用。它是健全民主制度,丰富民主形式,扩大公民有序的政治参与,保证人民依法行使民主选举、民主决策、民主管理和民主监督的重要环节。从政治地位看,乡镇人民代表大会是实现人民当家做主权利的基本组织形式,处于基层政权中人民当家做主的中心地位。只有把乡镇人大建设好,才能确保基层群众反映自己的意愿和要求,充分行使管理国家事务和社会事务的权力,真正做到自己管理自己,实现当家做主,人民代表大会制度才会有坚实的基础,农村基层民主政治建设才能得到根本的保证。

"十二五"期间,富宁县进一步加强基层民主法制建设,继续巩固基层民主政治建设,对以下三个方面的工作有严格要求。

一是充分发挥好人大代表的主体作用。人大代表是国家权力机关的主体，是人民选出来代表自己利益行使管理国家权力的群体，是实现民主最主要的途径，是党和国家政权机关联系人民群众的桥梁和纽带。因此，必须进一步强化代表工作，扩大代表对人大常委会和"一府两院"工作的知情权和参与度，适时组织代表听取和视察国民经济和社会发展情况的重大事项，旁听常委会会议，疏通代表参政议政渠道，建立代表直通车，及时听取和了解代表意见。同时还要加强对代表的教育、培训工作，增强其工作责任心，提高素质，增强代表履行职务的自豪感。

二是扩大公民有序的政治参与。拓展政治参与的民主空间，深入开展全民普法教育活动，不断增强公民尤其是各级领导干部的民主法制意识；引导公民进行有序的政治参与，知法守法，善于通过法制渠道表达自己的利益诉求，运用法律手段维护自己的合法权益；要多听取群众的意见和要求，尊重和采纳民众正确的意愿。近几年来，县人大常委会采取邀请人大代表和乡镇人大主席团主席列席人大常委会会议等形式，进一步拓宽了民主渠道。

三是积极推进基层民主法制建设。乡镇人大在推进基层民主法制建设方面肩负着重要责任，必须进一步解放思想，不断拓宽工作领域，探索工作途径。认真履行法律规定的各项职权，加大对法律、法规贯彻实施情况的检查力度，保障法律法规在本行政区域贯彻实施；加强法制宣传教育，促进农村干部群众学法、知法、用法、守法，提高广大人民群众的法制观念和法律知识水平；推动基层民主的制度化和规范化建设，教育、引导农民群众民主管理村级事务，依法保障农民群众合法权益；认真组织代表开展视察、专题调研和执法检查活动，加强对地方国家机关依法行政、依法办事的监督；围绕构建和谐社会的目标，监督政府和有关部门认真落实社会治安综合治理的各项措施，积极化解农村各类矛盾，维护人民群众合法权益和社会稳定。

四 提高依法治县能力，建设法治富宁

提升社会治理法制化水平。按照法治富宁、法治政府、法治社会一体化建设的要求，推进依法行政、公正廉洁执法，强化法律监督，完善法律服务，促进法治政府建设。推动建立法律顾问制度。完善规范性文件、重大决策合法性审查机制。健全法规、规章、规范性文件备案审查

制度。

深化行政执法体制改革。整合执法主体，相对集中执法并明晰执法权，实施综合执法。合理界定执法权限，明确执法责任，减少执法层级。加强食品药品、安全生产、环境保护、劳动保障等重点领域基层执法力量和执法能力建设。推进城管执法体制综合改革。完善行政执法程序，加强对执法的监督。全面落实行政执法责任制和执法经费由财政保障制度，将重点领域的执法经费列入年初财政预算，建立规范的行政执法主体资格管理制度。完善行政执法与刑事司法衔接机制。

深化司法管理体制改革。落实好省级以下地方法院、检察院人财物统一管理和建立与行政区划适当分离的司法管辖制度的安排部署。健全确保公正司法的工作机制，加强司法制度建设，保障当事人诉讼权利，保证国家法律统一正确实施。落实符合职业特点的司法人员管理制度，健全法官、检察官、人民警察统一招录、有序交流、逐级遴选机制，完善司法人员分类管理制度，健全法官、检察官、人民警察职业保障制度。

健全司法权力运行机制。健全司法权力分工负责、互相配合、互相制约机制，加强和规范对司法活动的法律监督和社会监督。改革审判委员会制度，完善主审法官、合议庭办案责任制。规范上下级法院审判监督关系。推进审判公开、检务公开，广泛实行人民陪审员、人民监督员制度。落实废止劳动教养制度的规定，严格规范减刑、假释、保外就医程序，强化监督制度。广泛实行和优化人民陪审员、人民监督员制度，拓宽人民群众有序参与司法的渠道。

完善人权司法保障制度。建立在执法司法中充分尊重和保障人权的工作机制。规范查封、扣押、冻结、处理涉案财物的司法程序，保障当事人的合法权益。健全错案防止、纠正、责任追究机制，严格执行非法证据排除规则。健全社区矫正制度。健全司法救助，完善法律援助制度体系。完善律师执业权利保障机制和违法违规执业惩戒制度，发挥律师在依法维护公民和法人合法权益方面的重要作用。

健全社会普法教育机制。促进法治教育与法治实践相结合，构建覆盖城乡的法律宣传体制，增强全民法治观念，弘扬社会主义法治精神，推动法治富宁建设不断发展。深入实施普法和依法治县规划，提高领导干部运用法治思维和法治方式深化改革、推动发展、化解矛盾、维护稳定能力。

认真落实领导干部定期接访、带案下访和包案责任制,接待群众来信来访4097批(次)7427人(次);排查各类矛盾纠纷7553起,成功调处7335起。积极推行社区"网格化"管理,建立多警种联合执勤执法工作机制,认真开展"命案必破"、"两抢一盗"百日会战和扫除黄、赌、毒等专项整治行动,破获刑事案件595起,查结治安案件398起。加强应急管理区域合作交流,成功开展危险化学品泄漏军地联合应急救援演练,妥善处置多起突发事件,社会应急救灾能力和水平不断提升。认真落实安全生产"一岗双责"责任制,强化道路交通、食品药品、工矿企业等重点领域专项整治活动,全年未发生重特大安全生产事故。推进"六五"普法和法律援助工作,双拥共建和民族团结示范创建活动深入人心,社会团结安定局面持续巩固。

五 推进行政管理体制改革,建设法治政府和服务型政府

按照建设法治政府和服务型政府的目标要求,创新行政管理方式,加快转变政府职能,大力提高政府管理效率和水平,增强政府公信力和执行力。一是深化机构改革,统筹党政群机构改革,理顺部门职责关系,优化政府组织结构,大力推进事业单位分类改革工作,研究探索政事分开、事企分开的实施办法。二是正确履行政府职能,推动政府职能向公共服务、市场监管、社会管理、环境保护转变,推广政府购买服务,弥补市场不足。三是简政放权,进一步深化行政审批制度改革,把省州下放的审批事项对接好,并积极探索提高审批效率的方式方法,创新联审联办审批模式。

把依法行政贯穿到政府工作的全过程,依法依规解决矛盾问题,确保行政执法规范高效。认真执行县人大及其常委会的决议,自觉接受县人大的法律监督、工作监督和县政协的民主监督。注重科学民主决策,完善重大问题集体决策、社会公示和听证制度,推进政府决策科学化、民主化。严格行政执法责任制和行政过错追究制,加强政府诚信建设,不折不扣地抓好县委决定事项、人大形成决议、上级安排工作的落实。进一步推进法治政府、服务型政府、责任政府、阳光政府和效能政府建

设，进一步推动政府职能转变。坚持行政执行力考核制度，强化目标管理、效能管理、责任追究，确保目标分解到位、工作落实到位，实现政令畅通，切实提高行政能力。

"十二五"期间，富宁县政府自身建设得到加强。认真贯彻民主集中制原则，进一步完善政府议事规则，自觉接受人大法律、工作监督和政协民主监督，贯彻执行人大常委会重大事项决定，仅2014年一年就办理人大代表议案、建议和政协委员提案、意见393件，重点解决阿用乡那连桥建设工程和县城入城道路硬化2件人大议案，努力解决人大代表、政协委员和人民群众反映强烈的问题，"两案"办结率100%、满意率90%。积极开展政务活动、行政决策、审批程序、"三公经费"等事项公开，畅通县长信箱、县长热线、96128专线等诉求渠道。抓好县、乡、村三级政务服务体系建设，落实投资项目集中受理并联审批机制，累计办理许可审批34.6万件，受理投资项目并联审批事项91件。完成公共资源交易291项2.02亿元，节约财政资金274万元。

第三节 全面深化文化体制改革，打造生动、活泼、和谐的文化环境

增加文化元素，提升文化内涵，力争把富宁打造成为最具特色的山地城市、最具魅力的滨水城市、最具活力的边贸城市、最具风情的壮民族文化走廊。

一 加快完善文化管理体制和文化生产经营机制

推进文化体制机制创新，按照"政企分开、政事分开、管办分离"的原则，推动政府从"办文化"向"管文化"转变，由办体育向管体育转变，推动党政部门与其所属的文化、体育企事业单位理顺关系，繁荣文化事业，发展文化产业。深化公益性文化事业单位改革，加快培育公益性文化事业单位的独立法人和市场主体地位。进一步调整和完善国有文化资产监督管理体系，实行管人、管事、管资产、管导向相统一。建立鼓励文化产业发展的政策措施和办法，用政策引导文化产业健康发展，清除阻碍建立和形成统一的文化市场的各种壁垒，营造公平竞争的

文化市场环境；加大农村文化建设引导力度，鼓励民间发展"山歌队"、"壮剧"等农村特色文化，努力提升农村文化精神生活；积极保护和传承传统文化和民族特色文化，探索坡芽山歌等特色文化的保护和传承机制，唱响文化品牌。完善文化市场准入和退出机制，鼓励各类市场主体参与文化生产经营，建立多层次文化产品和要素市场。培育文化创意产业，支持小微文化企业发展，鼓励非公有制文化企业参与对外出版、网络出版，鼓励以控股形式参与国有文化企业改制经营。搭建支持文化产业发展的公共服务平台。扩大政府文化资助和文化采购，加强版权保护和文化市场监督。探索建立文化无形资产评估及保护机制。在坚持出版权、播出权特许经营前提下，允许制作和出版、制作和播出分开。

二 构建现代公共文化服务体系，建立健全现代文化市场体系

文化是民族的血脉，是人民的精神家园。必须更加自觉、更加主动地推动文化建设，推动精神文明建设全面进步。以"中国富宁壮族坡芽文化"品牌为重点，大力开发民族文化。按照"品牌化经营、市场化运作、艺术化打造、项目化实施"的思路，进一步加大坡芽歌书宣传推广力度，充分利用电视、网络、报刊等媒体宣传坡芽文化，不断提高影响力；指导使用好"坡芽"商标，积极做好宣传推介，不断扩大品牌知名度。加大民族文化人才的引进培养力度，建立研究、传承、推介三支民族文化队伍。充分发挥坡芽文化研究所职能作用，进一步挖掘坡芽歌书丰富的内涵，着重加强81首情歌的整理传唱，尽快推出一批坡芽文化精品。启动县城坡芽文化传承场馆、剥隘至坡芽村道路硬化及坡芽村民房改造项目，全力打造坡芽文化展示平台。结合壮族陇端节、彝族跳宫节、苗族花山节、瑶族盘王节等民俗风情，广泛开展群众性文化活动，丰富民族文化内涵。以公民道德建设为重点，大力开展精神文明创建活动。深入开展社会主义核心价值体系建设，大力弘扬以爱国主义为核心的民族精神和以改革创新为核心的时代精神，广泛开展文明单位和文明村镇创建、星级文明户评比、道德模范评选等活动，引导群众移风易俗，大力实施城乡清洁工程，不断提高公民道德素质，推动精神文明

建设全面进步。

经过五年的努力,富宁县城乡公共文化服务体系进一步完善,广播电视人口综合覆盖率得到提高;红色文化和坡芽等民族文化得到保护和传承,社会主义精神文明建设取得实效。在"十三五"发展中,要继续改革公共文化服务体系建设协调和管理体制,促进基本公共文化服务标准化、均等化,发挥市场在文化资源配置中的积极作用,构建覆盖城乡、结构合理、功能健全、实用高效的公共文化服务体系。加快推进公共文化设施网络建设,加大对基层文化设施建设的投入力度。推动公共图书馆、博物馆、文化馆、科技馆组建理事会,完善绩效考核机制。推进文化产业项目化,引导社会力量、社会资本参与文化产业发展。

三 增强文化软实力和影响力,提高文化开放水平

继续挖掘以坡芽山歌为代表的壮族山歌、瑶族、彝族等民族民俗文化,扶持举办壮族"陇端节"、彝族"跳宫节"、瑶族"盘王节"等民俗节庆日活动,提升文化软实力和影响力。加强民族文化资源和文化遗产的保护传承。完善非物质文化遗产传承人保护、资助和激励机制。深入挖掘历史文化、民族民间文化、原生态文化、宗教文化资源,建立优秀民族文化保护传承体系。建立健全文化市场管理长效机制,建立反应快捷、处置及时、运转高效的文化市场管理机制,逐步实现文化市场管理全过程、无缝隙覆盖,全面提升文化市场管理效能。

富宁县还特别注重丰富少数民族的日常文化娱乐活动,近年来,该县坚持"精神文明重在建设"和"一手抓繁荣、一手抓管理"的方针,不断加强山瑶族地区文化工作队伍和基础设施建设,活跃和丰富群众文化生活,提高山瑶族群众的思想文化素质和科学技术水平,为山瑶族地区经济和社会的全面发展提供强大的精神动力、智力支持和思想保证。经过几年的努力,山瑶族地区的乡村文化基础设施相对完备,公共文化服务切实加强,山瑶群众看书难、看戏难、看电影难的问题基本解决,农村文明程度和农民整体素质有所提高。

加强民族民俗文化、非物质文化遗产传承保护,积极开展文化下乡活动;加快发展文化产业,积极开发民族文化产品,扶持民间戏班规范发展。在增强文化软实力的同时,富宁县积极提高文化开放水平。富宁

县成功举办第十一届滇桂边境县文化交流活动,坡芽山歌、壮剧《彩虹》等民族精品文化影响力不断扩大。

第四节　全面深化社会体制改革, 社会民生事业全面进步

当前,社会转型发展与经济结构调整步伐加快,所引发的社会矛盾和利益冲突日渐凸显,协调各种利益关系、维护社会稳定的压力不断增大。因此,必须创新社会治理体制,确保人民安居乐业、社会安定有序。改进社会治理方式,统筹社会治理全局,培育多元社会治理主体,构建党委领导、政府负责、社会协同、公众参与、法治保障的社会治理格局。一是改进社会治理方式,完善社会治理规章制度,全面推行城乡社区(村)网格化服务管理模式。二是激发社会组织活力,加大政府职能转移委托力度,为社会组织的发展壮大和参与社会管理让出空间。三是健全重大决策的社会稳定风险评估制度,完善社会稳定风险评估责任追究和决策责任追究制度,建立畅通有序的诉求表达、矛盾调处、权益保障机制。

推进民生领域改革,不断增进人民福祉。以解决群众反映强烈的突出问题为导向,顺应群众的期待,更好满足人民需求。一是推进文化体制机制创新,按照"政企分开、政事分开、管办分离"的原则,推动政府从"办文化"向"管文化"转变,繁荣文化事业,发展文化产业。二是深化教育领域综合改革,大力促进教育公平,统筹城乡义务教育资源均衡配置。三是深化医药卫生体制改革,调动发展医疗卫生事业的积极性,继续巩固扩大基本医保覆盖面,完善医保管理体制和运行机制,提升均等化服务水平。四是加快覆盖城乡的社会保障制度建设步伐,提升社会保障能力。五是深化人才工作体制机制改革,完善人才培养开发机制,创新人才引进政策,健全人才激励、服务机制和流动机制。

严监管、保稳定,努力在促进社会和谐上寻求新突破。坚持加强创新社会管理,解决群众关切,促进社会和谐。进一步支持人大依法行使监督、决定、任免等职权,推进政协政治协商、民主监督、参政议政制度建设,强化人大、政协职能,服务经济发展大局。充分发挥工会、共

青团、妇联等人民团体的桥梁纽带作用，全面贯彻党的民族宗教政策，扎实推进民族团结进步边疆繁荣稳定示范县建设，巩固和发展平等、团结、互助、和谐的社会主义民族关系。建立隐患排查治理体系和安全预防控制体系，深化安全生产管理体制改革，落实主管部门直接监管，安全监管部门综合监管，乡镇政府属地监管的机制，坚决遏制重特大事故的发生。加强社会治理体制机制、人才队伍和信息化建设，培育经济类、公益类、服务类社会组织，提高社会管理多元化、科学化水平；创新社会治理，构建以社区网格化服务为重点的基层社会管理服务体系。深化平安创建工作，创新立体化社会治安防控体系，严厉打击"两抢一盗"等各类违法犯罪活动，提高公众安全感。重视信访工作，完善群众利益诉求表达、矛盾纠纷化解和权益保障机制。抓好旧城改造、"两整一提高"等重大事项和重点项目社会稳定风险评估，从源头上防范和化解社会矛盾。扎实抓好"双拥"工作，加强国防后备力量和应急队伍建设，强化治安联防联控，深入推进"爱民固边"工作，切实维护边疆稳定。

一 深化教育领域综合改革

"十二五"期间，富宁县大力促进教育公平，统筹义务教育资源均衡配置，实现均衡发展。推进义务教育学校标准化建设，进一步深化学校去行政化改革，建立健全校长和教师交流轮岗机制。推行初高中学业水平考试和综合素质评价。深化招生考试体制改革，实行义务教育免试就近入学，不设重点学校重点班。加快现代职业教育体系建设，强化就业为导向的技能人才培养机制，深化产教融合、校企合作，健全政府主导、行业指导、企业参与的办学机制。进一步理顺政府、学校和社会的关系，明确教育行政管理、教育督导评估、学校自主办学的关系和职责，完善学校内部治理结构，逐步构建现代学校制度。

坚持教育优先发展。认真落实"两免一补"等教育惠民政策，加快发展学前教育，积极推进义务教育标准化建设，深化普通高中教育教学改革。健全完善教育管理考核机制，抓好教师队伍师德师风教育和在职培训。加大校园安全意识宣传、培训，强化校园及周边安全管理。组建云南开放大学富宁县学习中心，统筹推进职业教育、特殊教育、成人教育、老年教育均衡发展。

二 健全促进就业创业体制机制

建立经济发展和扩大就业的联动机制，健全政府促进就业责任制度。加快建设统一规范灵活的人力资源市场，完善城乡均等的公共就业服务体系，构建劳动者终身职业培训体系，强化职业技能培训在终身教育、促进就业创业中的地位和作用。促进以高校毕业生为重点的青年就业和农村转移劳动力、城镇困难人员就业，统筹做好退役军人多渠道就业安置工作。政府购买基层公共管理和社会服务岗位更多用于吸纳高校毕业生就业。健全鼓励高校毕业生到基层工作的服务保障机制，提高公务员定向招录和事业单位优先招聘比例。落实扶持创业的优惠政策，加快创业孵化器和创业基地建设，加快构建和完善政府激励创业、社会支持创业、劳动者勇于创业新机制。

富宁认真做好就业创业扶持，发放小型企业贷款、"贷免扶补"、小额担保贷款3700万元以上，扶持创业600人以上，带动就业万人以上。

三 形成合理有序的收入分配格局

努力实现劳动报酬增长和劳动生产率同步提高，提高劳动报酬在初次分配中的比重。实施城乡居民收入倍增计划，进一步完善机关、企事业单位工资决定和增长机制，健全机关事业单位工资和津贴补贴制度，落实艰苦边远地区津贴政策。健全资本、知识、技术、管理等由要素市场决定的报酬机制，多渠道增加居民财产性收入。健全引导扶持农村劳动力向非农产业有序转移机制，鼓励和帮助发展壮大村级集体经济、合作经济，增加农民财产性收入。探索缩小城乡、区域、行业收入分配差距的有效途径，增加低收入者收入，扩大中等收入者比重。

四 建立更加公平可持续的社会保障制度

坚持社会统筹和个人账户相结合的基本养老保险制度，推进机关事业单位养老保险制度改革，推进城乡最低生活保障统筹发展。建立健全合理兼顾各类人员的社会保障待遇确定和正常调整机制。完善社会保险关系转移接续政策,强化城乡、区域、行业之间社保制度整合衔接,推进管理服务一体化。扩大参保缴费覆盖面,适时适当降低社会保险费率。扩大对农村居民、非公经济职工、灵活就业人口、城镇失业人员的基本养老保险、基本医疗保险的覆盖。改善保障性住房建设和管理方式,加快棚户区改造步伐,努力扩大保障性住房惠及面。完善公积金管理办法,逐步提高公职人员居住水平。探索创新养老方式,完善养老政策,鼓励和引导社会力量参与养老服务,研究将老年人长期护理纳入社会保障体系。加强各项社会救助制度的衔接。健全残疾人权益保障,建立困难残疾人护理补贴制度。建立困境儿童分类保障制度,完善孤儿基本生活保障制度。加快健全社会保障管理体制和经办服务体系,整合社保登记、参保、缴费管理职责,创新运行机制。健全社会保障财政投入和预算制度。

五 深化医药卫生体制改革

统筹推进医疗保障、医疗服务、公共卫生、药品供应、监管体制综合改革。继续完善基本药物制度和基层医疗卫生机构综合改革,健全网络化城乡基层医疗卫生服务运行机制。完善合理分级诊疗模式,建立社区医生和居民契约服务关系,促进优质医疗资源向农村基层流动。推进公立医院改革,加快构建现代医院管理制度,建立科学的医疗绩效评价机制和适应行业特点的人才培养、人事薪酬制度。加快健全城乡居民大病保险制度,完善城乡居民重特大疾病保障和救助机制。落实政府责任,取消以药补医,统筹推进管理体制和价格、药品供应改革,理顺医药价格,建立科学补偿机制。鼓励社会资本以多种形式参与公立医院改革重组。将符合条件的民办医疗机构全部纳入医保定点范围。加快启动跨省异地就医联网结算服务,完善与城乡居民收入增长相适应的医保筹资机制和财政补助增长机制。调整完善计划生育政策,落实一方是独生子女的夫妇可生育两个孩子的政策,促进人口长期均衡发展。

六 坚持城乡统筹,提升城镇化质量

富宁县在发展中坚持城乡统筹,着力提升城镇化的质量。一是强化规划引领作用。城镇开发注重把握交通通讯决定效率、土地经营决定效益、宜居环境决定效果的"三效"统一。完成城乡统筹发展规划编制和城市发展总体规划第三次修编。加快编制和完善北桥公园、那平、安广畜牧业至玉林、头塘至火车站等片区的控制性详细规划，开展富宁—板仑一体化规划编制等前期工作。严格落实《富宁县土地一级市场开发管理暂行办法》，抓好土地储备工作。继续加大查处违法买卖土地、违法建设力度，建立"两违"综合整治长效机制，切实维护规划的法律性和权威性。二是加强城镇建设管理。将县城环城路纳入富田口岸公路、国道323线提级改造项目同步建设。抓紧实施城区至火车站40米大街、城北30米街、图书馆至那平片区等道路建设，加快推进民族运动场、老城区和北桥公园片区改造、城市综合体项目建设。切实做好城区"划行归市"工作，坚持零售在城中、批发在城郊、物流在远郊的市场布局"三原则"，完善县城规划功能分区。积极抓好板仑、归朝、剥隘、田蓬等特色集镇建设，争创美丽宜居小镇。三是加大城乡环境保护力度。抓好城乡美化绿化工作，全力推进美丽乡村建设。制定出台非金属矿产业发展规划，科学布局砖厂、砂石厂。推进木央、田蓬等石漠化片区综合治理，规划实施乡村垃圾和污水处理项目，加强重点水源、河流生态环境保护，严厉打击私挖滥采、超标排放等行为，从源头上治理和防范生态环境恶化蔓延，努力提升城乡人居环境，实现由"物的城镇化"向"人的城镇化"转变。

第五节　全面深化生态文明体制改革，建设美丽富宁

推进生态文明体制改革，争当生态文明建设排头兵。以制度创新为突破，以环境治理保护重大工程为支撑，突出资源产权、用途管制、有偿使用、生态补偿、环境污染第三方治理等关键环节，建立健全制度。完善资源有偿使用和生态补偿制度，落实好生态功能区财政转移支付制度，建立健全生态环境损害问责与赔偿制度。建立健全生态文明建设的综合评价体系，完善考核内容，落实责任，严格奖惩。

一　健全自然资源资产产权制度和用途管制制度

开展对土地、房屋、草原、林地、水域、滩涂等不动产进行统一确

权登记。建立健全自然资源资产评估制度。健全自然资源产权交易平台和完善交易规则。加快形成归属清晰、权责明确、监管有效的自然资源资产产权制度。建立空间规划体系，划定生产、生活、生态空间开发管制界限，落实用途管制。健全自然资源资产管理体制，统一行使全民所有自然资源资产所有者职责。完善自然资源监管体制，统一行使所有国土空间用途管制职责。

二 严格生态红线管控

生态红线又称生态功能红线或生态保护红线，是指对维护自然生态系统服务，保障国家和区域生态安全具有关键作用，在重要生态功能区、生态敏感区、脆弱区等区域划定的最小生态保护空间。十八届三中全会报告明确提出："划定生态保护红线，实行资源有偿使用制度和生态补偿制度，改革生态环境保护管理体制。"2014年修订的《中华人民共和国环境保护法》第二十九条规定："国家在重点生态功能区、生态环境敏感和脆弱区等区域划定生态保护红线，实行严格保护。"

富宁县积极落实国土空间开发保护制度和资源环境承载能力监测预警机制，坚守划定的生态红线。探索编制自然资源资产负债表，对领导干部实行自然资源资产离任审计。对不顾生态环境盲目决策、造成严重后果的干部实行责任终身追究制。把加强生态红线管控作为政府行政问责的重要内容。制定生态红线管控办法，对破坏生态保护区生态环境的行为提出明确的处罚细则。定期对全县绿化建设管理、生态红线管控情况进行监督检查，对未及时划定生态红线、生态红线范围保护控制不力的责任单位，实施严格的问责，分别追究决策部门、执行部门和行政监管部门主要负责人的责任；情节严重的，依法作出严肃处理。

三 完善生态补偿和资源有偿使用制度

《中共中央关于全面深化改革若干重大问题的决定》中指出："实行资源有偿使用制度和生态补偿制度。加快自然资源及其产品价格改革，全面反映市场供求、资源稀缺程度、生态环境损害成本和修复效益。坚持使用资源付费和谁污染环境、谁破坏生态谁付费原则，逐步将资源税扩展到占用各种自然生态空间。稳定和扩大退耕还林、退牧还草范围，调整严重污染和地下水严重超采区耕地用途，有序实现耕地、河湖休养生息。建立有效调节工业用地和居住用地合理比价机制，提高工业用地价格。坚持谁受益、谁补偿原则，完善对重点生态功能区的生态补偿机制，推动地区间建立横向生态补偿制度。发展环保市场，推行节能量、碳排放权、排污权、水权交易制度，建立吸引社会资本投入生态环境保护的市场化机制，推行环境污染第三方治理。"

为贯彻落实十八届三中全会的重要精神，富宁县提出健全有利于自然保护区、主要水源涵养区、生态脆弱保护区等重要生态功能区的生态补偿机制。完善生态功能区财政转移支付制度，建立健全生态环境损害问责与赔偿制度。发展环保市场，建立吸引社会资本投入生态环境保护的市场化机制，推行环境污染第三方治理。稳定和扩大退耕还林、退牧还草范围，调整严重污染和地下水严重超采区耕地用途，有序实现耕地、河湖休养生息。

四 创新生态环境保护管理体制机制

建立和完善严格监管所有污染物排放的环境保护管理制度，独立进行环境监管和行政执法。及时公布环境信息，健全举报制度，加强社会监督。对造成生态环境损害的责任者严格实行赔偿制度。健全环境保护投入、科技支撑、跨区域协调及综合治理等有效机制，提高环境风险管控能力。

第二章

全面深化改革进程中的富宁县域经济发展

第一节 "十二五"期间富宁县经济发展的总体状况

一 经济发展的原则、战略取向、空间开发格局

"十二五"期间,富宁县在发展中坚持高举中国特色社会主义伟大旗帜,以邓小平理论和"三个代表"重要思想为指导,深入贯彻落实科学发展观,深入学习和贯彻习近平总书记系列讲话重要精神,紧紧围绕"富民强县"新目标,以科学发展为主题,以转变经济发展方式为主线,抓住国家实施西部大开发和云南省实施"两强一堡"以及文山州推进"新高地"建设的历史机遇,坚持以农业产业化、新型工业化、城镇化和市场化发展为重点,以结构调整为主线壮大特色优势产业,以基础设施为载体统筹城乡发展,以改革开放为动力创新体制机制,以改善民生为核心促进社会和谐,努力将富宁县建成经济发展、民族团结、社会进步、边疆安宁、环境优美、生机勃勃的和谐新富宁。

"十二五"时期富宁经济发展的六项原则:

——坚持科学发展,转变发展方式。树立科学发展至上的理念,切实把经济社会发展转入科学发展的轨道。正确处理当前与长远、经济与社会、富民与强县的关系,着力调整经济结构和转变发展方式,加强资源节约和环境保护,努力实现速度、质量、效益相协调,真正做到经济社会全面协调可持续发展。

——坚持统筹兼顾,注重协调推进。把统筹兼顾发展作为推动科学

发展的根本方法，正确认识和妥善协调发展中各个方面、各个环节的关系，兼顾各方面利益关系，处理好各类社会矛盾，实现经济发展与社会和谐的有机统一。

——坚持创新驱动，完善体制机制。把创新发展作为推动经济社会发展模式转型的根本动力，把创新精神贯穿于改革开放全过程，加快完善有利于科学发展的体制机制，提高自主创新能力，实现制度创新与科技创新的有机统一。进一步转变发展观念，把干部群众思想统一到加快发展上来，用新思想、新观念来推动大发展。

——坚持生态保护，促进绿色发展。把建设资源节约型、环境友好型社会作为可持续发展的根本举措，强化全社会能源资源节约和生态环境保护意识，加大绿色投资，倡导绿色消费，促进绿色增长，实现经济效益与生态效益的有机统一。

——坚持民生优先，实现共建共享。顺应全县人民过上更好生活的新期待，把改善各族群众生活作为经济社会发展的根本目的，坚持发展为了全县人民、发展依靠全县人民、发展成果由全县人民共享，把发展的出发点和落脚点真正体现在富民、惠民、安民上，实现富民与兴县的有机统一。

——坚持开放合作，实现互利共赢。把拓展对外开放广度和深度作为促进经济结构升级的根本途径，扩大开放领域，优化开放结构，提高开放质量，形成参与国际、国内经济合作和竞争新优势，开创全面开放新局面，实现对内对外开放相互促进、各方互利共赢。

"十二五"时期富宁经济发展的五大战略取向：

——依托东大门和出海口优势，打造云南东部区域性水陆交通枢纽。随着广昆高速公路的贯通，云桂铁路、富宁港及西江亿吨黄金水道的建设和云南省加快建设面向西南开放重要桥兴堡总体规划的推进，富宁已经成为云南与东部发达地区交流合作的桥梁纽带，人流、物流、资金流、信息流汇聚于此。"十二五"期间，以"建设大通道、促进大发展"为目标，积极配合省州建成富宁至防城港高速公路、富宁至田蓬口岸高等级公路，积极推进富宁至马关至河口高等级公路建设，实现富宁至德宏瑞丽口岸、腾冲、孟定口岸等边境口岸连接。加快云桂铁路建设进度，力争启动蒙百铁路和富宁港二期建设，积极推进县乡公路、铁路、高速公路与港口的对接，逐步形成水陆一体的区域性交通网络格局。

——营造良好的政策环境，建设云南承接东部产业转移的试验示范区。以新一轮解放思想为契机，以坚持科学发展观为统领，以加快富民强县为目标，紧紧抓住东部产业转移、泛珠三角经济合作和广西北部湾经济开放开发这个千载难逢的历史机遇，大打以生物资源开发、重化能源为主的工业牌，确立工业经济的主导地位，着力把富宁县打造成新兴工业产品加工基地，实现县域经济质的提升和量的增长。坚持"敢闯敢试、先行先试、边干边试"的工作方针，积极向国家和省委、省政府申报"先行先试"试验区。积极实施"政策创新、主动承接、错位发展、打造平台、降低成本"五大战略，构建高效率的产业转移承接体系和优惠政策，率先把富宁打造成为云南省承接东部地区产业转移的试验示范区。

——依托便利的交通条件，建设滇桂越结合部的商贸物流中心。紧紧依托广昆高速公路、云桂铁路、富宁港的建设和蒙百铁路、富宁至德宏瑞丽等沿边通道项目规划，以云南省建设中国面向西南开放的重要桥头堡战略、广西打造西江亿吨黄金水道为契机，积极制定物流业发展规划，做好物流产业发展这篇文章，出台鼓励扶持物流业发展的优惠政策，争取国家保税政策，高起点建设物流园区，加强专业集散市场建设，提高物流服务水平和加大政策扶持力度，切实把富宁打造成云南连接东西、面向越南的重要商贸物流中心。

——充分开发利用丰富的自然资源，建设滇东南绿色经济带。依托富宁县山多地广、自然生态环境优越、农林特产资源丰富的优势，以"优化农业"为主题，按照"建基地、育龙头、创品牌、深加工、增效益"的工作思路，科学规划农产品基地布局，积极推行标准化生产，着力打造农业特色品牌，在农业发展中走出一条以生态农业为特色的"绿色经济"发展路子。"十二五"期间，重点以油茶、核桃、八角、速生丰产林、甘蔗等绿色生态产业发展为主，推动全县120万亩油茶、60万亩核桃、100万亩八角、100万亩速生丰产林、60万亩甘蔗种植和精深加工以及年产8万吨罗非鱼基地建设，做大做强绿色经济。同时，采取宜种则种、宜养则养或种养并举的办法，积极推动果蔬、畜牧等其他绿色产业的发展，努力把富宁建设成为滇东南重要的绿色生态产品加工基地。

——着力挖掘壮乡文化资源，建设滇东南康体休闲运动中心。继续把城镇建设作为加快发展推动城乡一体化的重要手段，不断深化经营城市理念，以"建设山水园林城市，打造云南东大门形象"为目标，围绕"柔情富宁、休闲壮乡"文化主题，按照"高起点规划，高标准建设，高水平经营，高效能管理"的总体要求，努力建设清洁优美的自然环境、先进完善的设施环境、高效规范的体制环境和健康和谐的人文环境。以建设滇东南康体休闲运动中心为目标，着力挖掘壮乡文化资源，进一步完善旅游服务和文化体育设施，提升城市品位，努力构建具有壮乡特色的山水园林城市，将富宁县城打造成集"休闲、旅游、健身"为一体的精品县城。继续围绕"小而精、小而美、小而特"的集镇建设战略和厚实的文化内涵，精心打造品牌，建成一批具有浓郁壮乡民族文化特色的生态集镇和村落。

"十二五"期间富宁经济发展的空间开发格局：

一核：以县城建设为核心。紧紧围绕"柔情富宁、休闲壮乡"的文化主题，以"更整洁、更亮丽、更和谐、更宜居、更秀美"为目标，推进城镇带动发展战略，积极把富宁建设成为商贸、物流、加工、旅游、康体休闲、信息服务等为一体的新兴城镇和云南面向两广开放的节点城市。

两翼：以剥隘和田蓬为两翼，重点依托富宁至剥隘、富宁至田蓬高等级公路和特色集镇建设，沿两翼布局好产业发展。在重点打造县城这一中心城镇外，大力推动剥隘、田蓬为两翼的集镇圈，实现"一个中心"带动，"两翼"互动齐飞的发展局面，形成一批带动力强的中心集镇，辐射带动其他乡镇全面发展。

三带：以剥隘至富宁高速公路、铁路为主线的中轴发展带，加快沿线通道经济发展；以广南至阿用至剥隘公路为干线的北部发展带，连接沿线主要集镇，形成富宁北部地区平稳发展的大通道；以边境公路为干线，以田蓬口岸为中心，布局发展沿边经济带，形成富宁县沿边开放新态势。

五区：云南富宁港综合保税区。重点以珠江上游第一港为依托，建设一个以进出口、贸易、采购、配送、加工等为主要功能的综合保税区，把保税区打造成文山乃至云南省发展的特色、亮点和增长极。归朝生物资源加工区。重点以生态食品加工、生物质能开发和其他生物产品加工为导向，打造以蔗糖、油茶、八角、生物质能等加工及综合利用为核心的生物资源开发企业集聚和生物工业经济发展的载体和平台，形成符合市场导向、符合地方特色、具有自主创新能力产业链完备的新型生物资源产业基地，从而以生物加工业带动整个生物产业的发展。板仓冶金建材产业区。以富宁县丰富的矿产资源为基础，以通边达海区位优势和资源整合为保障，以铁合金冶炼、有色金属加工、建材制造为核心，在板仓工业原基础上内扩外引，不断扩大冶金建材工业规模，增强"聚集效应"，逐步建设产业关联度较高的冶金建材基地。普阳煤化工业区。利用普阳丰富的煤炭资源为依托，引进先进化工企业，延伸煤化工产业链，规划、整合、建设一个以洗煤、合成氨、尿素、甲醇、二甲醚制作等为基础的一体化基地，最大限度地提高煤炭资源综合利用水平，打造具有鲜明特色的煤化工业园。富宁边境经济合作区。以发展边境特色农产品加工业、矿产加工业、服装织造、边境互市贸易为主导，联动周边区域市场、协调周边集镇城乡一体化发展的边境经济合作区，使之成为县域经济、社会发展的重要增长极。

六大基地：云南省重要的木本油料基地。根据省委、省政府大力发展木本油料产业的战略部署，依托全县的荒山资源，积极发展油茶、核桃等木本油料作物，积极引进先进加工技术和资金，加快油茶、核桃精深加工步伐，扩大生产规模。力争到2015年，使全县油茶种植面积达到120万亩，核桃种植面积达60万亩，木本油料总面积达180万亩，实现油料的综合开发利用和产业链条延伸，提高木本油料产业附加值。云南省重要的蔗糖生产基地。依托富宁县河谷热区，以归朝、剥隘、者桑、洞波、那能、阿用等乡镇为重点，加快甘蔗发展力度，力争到2015年，全县甘蔗种植面积达60万亩，产量达200万吨以上，做好制糖、酒精等配套服务，实现产业快速发展。云南省最大的八角原料生产基地。在现有八角45万亩、年产八角150万公斤的基础上，"十二五"期间，重点依托境内洞波、花甲、者桑、里达等宜种地区布局八角种植，使八角原料基地规模达100万亩，年产量达300万公斤以上。文山州最大的水产养殖基地。重点依托百色水利枢纽富宁库区和县内中小型水库、电站水域面积，大力发展水产品养殖，确保水产品产量达8万吨以上。引进企业开发水产品加工，延伸产业链，提高附加值。文山州重要的畜禽养殖基地。富宁拥有大量的荒山牧草和农作物秸秆资源，是云南省肉牛基地县之一，结合甘蔗种植面积不断扩大的实际，重点发展草食型、节粮型畜禽业，推动畜禽基地建设、产品加工，把规模化、标准化养殖与庭院养殖结合起来，将富宁县建设成文山州重要的畜禽养殖基地。云南省低海拔体育训练基地。结合县特殊的地理区位和便捷的交通格局，充分利用资源优势，发展体育产业，重点在百色水利枢纽富宁库区建设好水上运动、网球、篮球、自行车等多个项目训练场馆，并积极建设相关配套服务项目，着力建设云南省低海拔运动基地，推动体育事业大发展，提升富宁作为云南的"东大门"形象。

二 经济发展所取得的成绩

"十二五"期间，富宁县按照"调结构、打基础、保民生、重开放、促发展"的思路，实现了经济的平稳、健康、快速发展。

(一) 综合经济实力明显增强

生产总值。2011年以来，全县上下始终坚持以经济建设为中心，全面贯彻落实国家宏观调控政策，全力加快经济发展步伐，综合实力迈上了新的台阶。全县GDP连续保持高速增长，2011年实现地区生产总值41.1亿元，同比增长13.2%；2012年实现地区生产总值49.74亿元，同比增长14%；2013年实现地区生产总值59.37亿元，同比增长14.1%；2014年实现地区生产总值66.6亿元，同比增长12.2%。超额完成"十二五"期末规划数66亿元的目标。

固定资产投资。"十二五"期间，严格执行领导挂钩重大项目责任制，并将固定资产投资任务分解到各部门负责，实行倒逼责任制，加快投资进度，充分发挥"投资"拉动作用。2011年全县全社会固定资产投资完成41.6亿元，同比增长24%；2012年全县完成规模以上固定资产投资28.6亿元；2013年完成规模以上固定资产投资42.89亿元，同比增长50%；2014年完成规模以上固定资产投资59.3亿元，同比增长38%。(需说明的是：此项"十二五"规划目标是按全社会固定资产投

资来计算，但自2012年开始，受统计制度改革的变化，更改为用500万元规模以上固定资产统计，因而此项无可比性）

工业经济。全力推进工业强县，不断完善工业园区基础设施建设，规模以上工业企业发展到14家，文山、百色两地跨省经济合作区建设有序推进。2011年全县工业增加值完成10.05亿元；2012年全县工业增加值完成11.68亿元，同比增长18.7%；2013年全县工业增加值完成13.57亿元，同比增长19.2%；2014年实现工业增加值15.21亿元，同比增长15%。照目前的速度发展，预计2015年能够完成"十二五"规划工业增加值的目标。

财政收入。实施积极的财政政策，坚持开源节流、增收节支。2011年地方财政一般预算收入2.32亿元；2012年地方财政一般预算收入2.87亿元，同比增长23.5%；2013年地方财政一般预算收入3.6亿元，同比增长25.6%；2014年实现地方财政一般预算收入4.1亿元，同比增长13.85%。超额完成"十二五"期末规划3.5亿元的目标。

社会消费品零售总额。住房、汽车、手机、家电等消费增速加快，批发零售、住宿餐饮、交通运输、邮政等传统服务业持续活跃，金融保险、文化娱乐、休闲旅游等现代服务业占比明显提高。2011年实现社会消费品零售总额23.23亿元；2012年实现社会消费品零售总额27.06亿元，同比增长16.5%；2013年实现社会消费品零售总额30.82亿元，同比增长13.9%；2014年完成社会消费品零售总额34.6亿元，同比增长12.5%，占"十二五"期末规划数38.56亿元目标的90.25%。预计2015年能够完成"十二五"规划目标。

边境贸易情况。2011年完成边境贸易进出口4.01亿元；2012年完成边境贸易进出口4.53亿元，同比增长13.1%；2013年完成边境贸易进出口5.4亿元，同比增长19.4%；2014年完成边境贸易进出口6.26亿元，同比增长15%以上。超额完成"十二五"期末边境贸易进出口6亿元目标。

城乡居民收入水平。（1）城镇居民可支配收入情况。2011年城镇居民人均可支配收入15430元；2012年城镇居民人均可支配收入17513元，同比增长13.5%；2013年城镇居民人均可支配收入19877元，同比增长13.5%；2014年城镇居民人均可支配收入22470元，同比增长

13%，占"十二五"期末规划数25000元的89.88%。随着城镇化的进程，就业岗位的增多，以及经济发展，预计到"十二五"期末能够实现城镇居民人均可支配收入25000元目标。（2）农民人均纯收入情况。2011年农民人均纯收入实现3793元；2012年农民人均纯收入实现4644元，同比增长30.2%；2013年农民人均纯收入5582元，同比增长20%；2014年实现农民人均纯收入6420元，同比增长15%。提前完成"十二五"期末规划农民人均纯收入6000元的目标。

（二）基础设施建设取得极大成效

交通条件明显改善。县委、县人民政府把交通建设纳入重要议事日程，按照"突出重点，远近结合，分段实施"的原则，举全县之力积极配合省州做好高速公路、富宁港、国道、省道建设的同时，在全县范围内掀起通达、通畅工程和村村公路建设热潮，交通建设取得了突破性进展。全县村组已全部实现通车，云桂铁路富宁段、富宁至那坡高速公路、富宁至田蓬口岸公路顺利实施，完成农村四级公路路面硬化465.3公里，预计2015年底累计完成硬化703.1公里，已完成农村公路四级砂石路修建3292.8公里，完成4个乡镇客运站和55个招呼站建设，先后建成19个码头，投入标准客运船舶12艘和新建投入2艘趸船，完善了库区渡口（码头）等基础设施建设。进一步完善了相关制度，农村公路建管养工作水平显著提高，群众出行难问题进一步得到缓解，区域内有港口码头、高速公路和铁路，通边达海交通大格局初步形成。

水利设施建设不断加强。开工建设平耶水库、金竹坪水库等重点水源工程4件，农村饮水安全项目共完成投资11684万元，解决15.1068万人的饮水安全问题。完成小Ⅱ型病险水库除险加固12座，建设、维修改造"五小水利"工程15764件（次），其中小型水利水保工程6039件（次），人畜饮水工程9725件（次）。实施玉林河小流域水土保持综合治理工程一期、玉林河小流域水土保持综合治理工程二期、木利小流域坡耕地水土流失综合治理等水土保持项目，新增水土流失综合治理面积82.8平方公里，中小河流整治工程项目完成堤防建设6542米。其中节水灌溉工程新增有效灌溉面积1.755万亩，新增高效节水灌溉面积0.3万亩。

能源建设有着较快发展。截至2014年底，全县共建成投产运行水电站21座，装机总容量19.873千瓦，实现年发电量90543万度。加大电网建设力度，实施了农网、城网改造等工程，+500KV富宁换流站建设顺利推进，普厅输变电工程、洞波变电站建成投入运行，田蓬变电站、归朝变电站正在建设中，电网布局进一步优化，供电能力进一步增强。加快新能源开发推进工作，里达风电厂、板仑四十八堡山风电场前期工作正在开展。

统筹城乡全面协调发展。按照"一体两翼三圈多极"的开发布局，认真修编《富宁县城市总体规划》，编制了火车站片区、各甫—头塘片区、城北片区、安广玉林片区控制性详细规划。全县12个乡镇集镇规划修编和木央镇新区、者桑乡农贸市场、归朝镇农贸市场、花甲乡农贸市场、田蓬镇国际商贸城、那能乡新区等修建性详细规划编制已完成。钻石大厦、上海国际公馆、香樟苑一期等房地产项目竣工交房，硕峰房地产项目（老看守所）、天成·尚景地产项目稳步推进。启动县城区至火车站道路一期、二期工程建设，县城普林路、环城东路城北段、那平春天15米道路、东风路延伸道路、迎宾路末段扩建市政道路动工建设。剥隘镇、田蓬镇成功入围全国重点镇名单。木央镇、田蓬镇生活垃圾处理场项目正在编制可研。加大"两违"打击力度，"两违"蔓延势头得到有效遏制。

（三）扶贫开发成效显著

始终坚持开发式扶贫方针，把稳定解决扶贫对象温饱并实现脱贫致富作为首要任务，将山瑶扶持发展、整村推进、产业扶贫、社会帮扶、异地安置、革命老区建设作为重要平台，不断加大资金投入和整合力度，大力提升扶贫开发水平，"十二五"规划以来，全县累计投入各类扶贫资金46116.27万元，贫困人口（按国家标准2300元计算）由2010年的10.79万人下降到7.16万人，累计解决3.63万贫困人口的温饱问题；解决了6.1万人、3.02万头（匹）大牲畜饮水困难。建成整村推进项目村272个，实施1个片区开发乡（镇）、1个整乡推进、1个彩票公益金项目，16个行政村整村推进，异地移民安置点14个，安置移民509户3034人。

（四）生态环境得到改善

强化对水源、土地、森林等自然资源的生态保护，在保护中加快发展,在发展中加强保护,努力促进人和自然和谐发展,全面推进社会、经济和环境的可持续发展。全县森林覆盖率从"十一五"期末的42.04%提到了52.02%;南利河、普厅河水质稳定达到Ⅲ类以上水质标准。县城、田蓬镇、里达镇在饮用水源地的保护区划定和环境保护规划编制已完成。建立和完善了富宁县集中式饮用水水源地环境基础信息和环境状况评估体系。狠抓"绿色学校"、"生态乡镇"、"绿色社区"的创建工作,加快推进了化工、医药、水泥、冶炼、采选等重点行业和重点工业污染源的整治,单位GDP综合能耗、主要污染物排放总量、二氧化硫排放量、化学需氧量均控制在计划指标范围内。

(五)社会事业长足发展

教育事业大发展。坚持教育优先发展原则,2011年至2015年,全县拆除重建中小学危房校舍5.0281万平方米,投入资金152316万元;加固改造危房校舍2.3038万平方米,投入资金8186万元。通过项目实施大面积消除了全县校舍安全隐患,为学校标准化建设打下坚实的基础。建设义务教育阶段农村中小学寄宿制学校178所,新建、改扩建校舍15.7万平方米,不断改善师生住宿条件。建设27所农村幼儿园、改扩建2所高中、职业中学1所。2010年实际国民平均受教育年限为7.22年,2014年为7.96年,预计到2015年为8年,年均增长2.16%。

文化体育事业繁荣发展。着力打造"中国富宁壮族坡芽文化品牌",坡芽合唱团走进国家大剧院,唱响夏威夷。新建147个村(社区)"农家书屋"点、25个(处)馆外图书流通点、9个文化信息资源共享工程基层服务点、7个村级文化广场、14个村级文化活动室(文化服务中心),实现文化信息全覆盖。培育和打造连接百色、麻栗坡老山的红色旅游线,引资开发富宁县架街村生态旅游区,2011—2014年富宁县共接待国内外旅游者分别为:67.82万人次、71.38万人次、76.39万人次、96.39万人次,2015年预计接待国内外旅游者102.37万人次。中国云南体育基地富宁基地一期工程建成并投入使用,成功承办了全国武术散打冠军赛,"生态剥隘"野钓大赛不断提高知名度,积极组队参加省州举办的各项体育竞赛。全县广播、电视覆盖率提高到100%和98.5%。文化体育基础设施建设取得新进展,文化体育事业日益繁荣。

卫生事业快速发展。卫生事业处于较好发展时期,突发公共卫生事件应急能力不断增强，基本医疗服务条件得到明显改善。全县共投入资金5243万元，实施了归朝中心卫生院住院楼、卫生监督业务用房、120急救中心业务用房等23个项目，总建筑面积29984平方米。县乡医疗设备得到有效改善，村卫生室医疗器械设备均得到配置，县、乡、村三级医疗预防保健网络基本形成，基本满足了农村居民的医疗服务需求。新型农村合作医疗持续稳定推进，全县参合率和资金使用率逐年上升，有效缓解了农村群众的看病难、看病贵问题。计生工作常抓不懈，人口素质明显提高，计生服务基础设施得到不断改善，城镇登记失业率、人口自然增长率均控制在计划范围内。

社会保障事业不断完善。全县劳动就业和社会保障力度不断加大，2014年新增城镇就业人员0.18万人，转移农村劳动力人数9.8万人，城镇参加基本养老保险人数0.75万人，新型农村社会养老保险参保人数23.64万人。举办各类扶贫实用技能培训班467期，培训农民5万余人次。实施并完成社会中心福利院、文华社区老年人活动中心、新兴社区老年人活动中心、归朝、剥隘、洞波、阿用、里达、者桑、谷拉、救助管理站、富宁民族敬老院等项目建设，提高民生保障能力。

（六）开放经济更具活力

进一步完善金融发展体系，促进金融改革创新，推进"三农"金融服务改革创新试点工作，积极发展小额贷款公司，共成立了6家小额贷款公司，1家典当行，完成全县13个农村产权交易中心建设，富宁县万客隆小额信贷公司成为全省第一家乡镇小额贷款公司。全县安装惠农POS终端机共148台，全县145个行政村（社区）惠农支付服务网点的全覆盖。并实现富宁县跨境人民币结算账户"零"的突破，有效推动云南省沿边金融综合改革试验区建设。推进"三权三证"抵押融资工作。完成新一轮政府机构方案编制上报，工商、质监行政管理体制顺利划转县级管理；深入推进行政审批管理制度改革，取消或调整行政审批97项。与越南同文、苗旺两县和周边县市、上海虹口区等加强交流合作，引进湖南天雄实业"电矿冶"一体化项目、广东明阳四十八堡山项目签订投资开发协议，2014年完成招商引资34.3亿元，增长22.9%。

（七）民主法制建设取得积极进展

"十二五"以来，县委、县政府继续把精神文明建设和民主法制建设作为工作的重中之重抓紧抓好、抓出成效。理论学习工作和宣传思想政治工作的吸引力和感染力进一步增强,强化舆论宣传,加大对内对外宣传力度。坚持以农村文化基础设施建设为重点,推动精神文明活动中心和村级精神文明活动室建设。坚持以"讲文明、树新风"、双水新区创建"文明卫生城市"和"双拥模范城"为载体,抓好精神文明建设,各种创建活动取得新进展,社会文明程度进一步提高。大力推进民主法制建设,坚持和完善人民代表大会制度、共产党领导的多党合作和政治协商制度。党的统战、民族宗教政策等得到认真贯彻和落实。工会、共青团、妇联、科协等工作得到进一步加强,群团组织桥梁纽带作用得到进一步发挥。"双拥"工作、国防后备力量建设稳步推进。以创建"平安富宁"为载体,坚持"打防结合,预防为主"的方针,始终保持"严打"高压态势,适时开展重点整治,社会治安综合治理、禁毒、维稳工作取得实效。社会治安和"四五"、"五五"普法教育取得新成效。禁毒工作成绩突出,得到国家表彰,全县呈现出安定团结的良好政治局面。

通过对"十二五"规划执行情况分析,"十二五"前四年富宁县经济保持高速增长。从主要目标和发展任务完成情况可以看出,该县"十二五"规划切合县情,符合科学发展观,规划确定的指导思想正确、战略目标合理、发展任务明确、保障措施有力,总体执行情况较好。主要指标中,地区生产总值、地方财政收入、农民人均纯收入等已提前一年实现规划目标。城镇登记失业率、人口自然增长率、单位GDP综合能耗、主要污染物排放总量、二氧化硫排放量、化学需氧量均控制在计划指标范围内。预计工业增加值、社会消费品零售总额、边境贸易进出口额等指标于2015年均能如期完成。

第二节 "十二五"期间富宁县实现经济发展新突破

一 坚持重点突破,着力深化经济体制改革

围绕优化结构、加速转型、加快发展的总体目标,不折不扣地贯彻

落实上级全面深化改革的政策措施,突出抓好经济体制改革,争取在要素市场、投融资建设、农村产权流转交易等重点领域和关键环节上取得突破,推动经济社会可持续、内生性发展。

加快完善公平开放的现代市场体系。强化市场在资源配置中的决定性作用,完善政府经济调节、市场监管、社会管理和公共服务的职能,努力培育公平开放、竞争有序的商品市场和产权、资本、土地等要素市场,积极完善工程建设、土地出让、产权交易、政府采购和资源开发等领域的市场准入机制,提高资源配置效率和公平性。

推进财税金融投资改革创新。深入推进地方财税预算改革,继续抓好营业税改增值税试点工作,完善财政公开制度,优化财政预算支出结构,强化政府在教育、卫生、社会保障等基本公共服务领域的支出责任,规范专项资金和转移支付支出。深化投资体制改革,支持社会资本积极参与重点产业、重大项目和基础设施等领域投资。加强国有资产运营管理,提高国有资产收益。抓住云南广西建设沿边金融综合改革试验区的机遇,积极开展沿边金融、地方金融改革创新先行先试工作,培育金融实体,发展金融服务网络,提升金融服务水平。

深化农村经营体制改革。坚持农村基本经营制度,创新农业经营和农产品营销方式,加快培育新型农业经营主体,积极发展股份合作和专业合作组织。加快农村产权确权颁证,积极探索农村产权流转、抵押、担保机制,盘活农村土地和农民资产,实现农村资产增值增效。

二 围绕"三农"发展大规划,着力推进社会主义新农村建设

富宁是一个典型农业县,农业经济在全县的经济成分中占有重要地位。富宁要强,农业必须强;富宁要美,农村必须美;富宁要富,农民必须富。把实施"三农"发展大规划作为破解"三农"问题的总抓手,坚持家庭经营在农业中的基础性地位,推进家庭经营、集体经营、合作经营、企业经营共同发展,鼓励按照有主体、有基地、有加工、有品牌、有展示、有文化的"六有"要求发展农业庄园,推进和规范农民专业合作社建设,继续扶持龙头企业、种养大户等现代农业经营主体,全面提升农业农村发展水平。

（一）巩固发展基础农业

认真落实惠农政策，粮食种植面积 65 万亩以上、总产量 15 万吨以上，发展蔬菜 4.7 万亩，水果 4.5 万亩，出栏肉牛 12.8 万头，出栏生猪 61.7 万头，确保主要农产品市场供应稳定。

（二）加快推进农业产业化进程

"十二五"以来，富宁县立足山多地少，农业人口比重大，种植结构单一的实际，充分挖掘农产品种植增收潜力，并着力培育农业产业化经营重点龙头企业，按照"扎扎实实打基础，突出重点抓特色"的发展思路，围绕基础设施建设、农业产业化经营抓好特色产业培植，持续推进甘蔗、油茶、水产品、水果、冬马铃薯、蔬菜等特色农产品基地建设。突出抓好以三七、青蒿为主的生物药、蔗糖产业、水产品加工、热果加工、木本油料、畜禽产业、茶叶产业等农产品加工业发展，调整优化农业产业结构，培植发展各类农业企业、专业合作社，带动农村土地流转，不断提升农业规模化、基地化、产业化发展水平，农业产业化建设取得了一定成效。目前全县基本打造形成 43 万亩甘蔗、42 万亩木本油料、44 万亩特色中药材、2 万亩茶叶、4.5 万亩水果、5 万亩水产和畜禽等特色产业。2012 年被省政府命名为"云南省高原特色农业示范县"，成为全省 40 个第一批示范县之一。

（三）切实抓好农村基础设施建设

实施田蓬小流域石漠化综合治理和木央、田蓬"兴地睦边"土地整治项目，新建、维护"五小水利"工程 4800 件（次）。完成洞波普峨、木央那滚等 6 个"美丽乡村"项目、8 个行政村整村推进、5 个深度贫困村、4 个异地搬迁安置、5 个产业扶持项目建设，全面完成山瑶安置点建设。

"十二五"期间，全县累计投入新农村建设各类资金 67437.29 万元，其中：专项补助资金 29095.7 万元，部门整合资金 15343 万元，群众自筹及投工投劳折资 24617.593 万元。2011—2014 年四年间，全县共实施各类社会主义新农村建设项目 513 个，其中：扶贫整村推进项目 13 个，上海援建示范村项目 52 个，彩票公益金整村推进项目 1 个，老区专项资金建设项目 4 个，异地扶贫开发项目 12 个，边境地区专项转移支付村容村貌及环境整治建设项目 7 个，异地搬迁项目 10 个，以工代赈项目 6 个，深度贫困村脱贫发展试点项目 1 个，民族地区跨越发展项目 16 个，民族特色村项目 6 个，"3121"工程项目 1 个，民族团结示范乡镇项目 1 个、示范村项目 4 个、示范社区项目 1 个，一事一议普惠制项目 320 个，一事一议增量资金项目 8 个，一事一议示范村项目 13 个，美丽乡村建设项目 9 个，省级重点建设村项目 28 个。项目覆盖 13 个乡镇 145 个村委会（社区）992 个村小组，受益群众 43019 户 195774 人。共修通进村公路 352.6 千米，铺设村内道路 239.73 万平方米，修建挡墙 10472 立方米，改造安居房 4529 户、卫生间 1230 间 19680 平方米，建成文化活动室 209 间 16386 平方米、活动场地 8370.4 平方米，修建卫生公厕 219 间 4532 平方米、垃圾处理池 39 个 927 立方米，架设人畜饮水管线 551450 米，建蓄水池 88 个 4490 立方米，建小水窖 1952 口，建成议事亭 12 个、戏台 10 个，安装太阳能路灯 424 盏、太阳能热水器 1000 户，架通高压输电路 31.97 千米，实施异地搬迁项目（含异地扶贫开发）22 个、安置群众 1197 户 6529 人。

（四）切实提高农民素质，促进农民增收

富宁县农民文化素质普遍低下，农村劳动力资源丰富。2013 年底全县总人口 40 万人，农村人口 36.7 万人，占总人口的 93.2%，农村劳动力 23.2 万人，占农村人口的 63.3%。据统计，具有大专文化及其以上的占总劳动力的 0.56%；高、中专文化占 4.4%；初中文化占 18.2%；小学文化占 54.4%；文盲半文盲占 22.4%。目前，全县已向城镇和非农产业转移的农村富余劳动力 8 万以上，从事农业生产的农村劳动力 14.963 万人，全县农业生产需要劳动力 8.9 万人，富余劳动力 6.063 万人，如果加上准劳动力 3.98 万人，全县农村实际富余劳动力 10.043 万人。外出务工的农村劳动力文化素质普遍偏低。据调查，初中及初中以下文化程度的占 80.1%；高中文化程度的占 11.7%；大专及大专以上文化程度的占 8.2%。外出务工的农民以小学和初中文化程度为主，且 90% 以上无专业特长。

近年来，富宁县以提高农村劳动力素质、增强农民科技文化水平、促进农民增收为目标，发挥农业相关部门职能，认真履行农民教育工作职责，着力实施了阳光工程培训、新型农民培训、省级农村劳动力转移培训等项目，通过开展"农民培训"，使一大批农民的文化知识、职业技能、专业技术得到了提高,为实现农民增收起到了积极的作用。一是认真实施阳光工程培训项目。2010 年实施阳光工程项目培训农村劳动力转移人数 2250 人,中央配套项目资金 86.05 万元。2011 年培训 1300 人,中央配套项目资金 50.65 万元。2012 年培训 1100 人,中央配套项目资金 36 万元;通过培训,极大地提高了农村剩余劳动力外出务工者的职业技能。二是认真开展新型农民培训。2010 年新型农民培训项目培训 500 人,省级配套项目资金 10 万元。三是认真做好省级农村劳动力转移培训项目。2010 年实施省级第二批农村劳动力转移培训项目培训 3000 人,省级配套项目资金 60 万元;2011 年培训 1500 人,省级配套项目资金 35 万元;2012 年培训 1000 人,省级配套项目资金 25 万元。四是绿色证书培训。2010 年绿色证书培训 1920 人,取得证书 750 人;2011 年培训绿证学员 2000 人,取得证书 1980 人;2012 年培训绿证学员 2000 人,取得证书 1980 人。五是积极开展农村实用技术培训。2010 年共举办各类农业科技培训 554 期,受训人数达 28079 人(次);2011 年举办各类农业科技培训 576 期,受训人数达 31051 人(次);2012 年举办各类农业科技培训 622 期,受训人数达 33697 人(次);2013 年举办各类农业科技培训 631 期,受训人数达 34768 人(次)。

近年来通过实施阳光工程,富宁县外出农村劳动力逐年增加。2012—2013 年,富宁县共培训阳光工程学员 3500 人,转移就业 3375 人,据调查统计,转移就业学员人均月收入 965 元,实施阳光工程直接增加农民收入 325.69 万元。阳光工程的实施促进了全县农村富余劳动力的转移就业。2013 年全县外出务工农民 8.057 万人,劳务收入达 6.784 亿元。

计划启动新型职业农民培育。依据《关于组织新型职业农民培育需求调研的通知》(云劳转〔2014〕2 号)要求,对县域内农民培训需求做了工作调查研究。根据富宁县农业产业发展需求,围绕种植业、养殖业、农业服务业等,开展生产经营型职业农民培育;围绕龙头企业、合作社和种养殖大户等,开展专业技能型和社会服务型职业农民培育。2014—2020 年计划培育型职业农民共计 38626 人,其中 2014 年计划培育型职业农民 1350 人。探索形成具有特色的新型职业农民培育模式、认定管理办法和政策扶持意见,力争在规定的时间培育一支综合素质高、生产经营能力强、主体作用发挥明显的新型职业农民队伍。

三 突出重点工业项目建设，着力推进工业经济提质增效

（一）稳步推进矿产资源整合提升

认真抓好矿产资源"两整一提高"工作，加快完善金、铁、铜、镍等矿种整合方案，公开招商、优势竞争，引进有实力、有诚信、有社会责任的优势企业，采取兼并、收购等多种形式，实现采矿权、探矿权、经营权全面整合，推动矿产资源规范化发展、集约化开发利用。

（二）突出重点工业项目建设

全力扶持鸿浩罗非鱼加工、大山木业林板一体化等项目原料基地建设，支持普阳煤矿、金泰得药业技改，做好120万吨铁球团及配套110万吨焦化、10万吨生物菌肥厂、云南润嘉科技中药材加工等项目协调服务工作。

（三）加快重点能源项目开发

积极推动金沙江流域观音岩电站至富宁县境内500千伏直流输电工程尽早动工建设，为文山—百色跨省经济合作园区提供电力保障。加快推进石家洞、普峨、那马河梯级等小水电站开发，持续开展小水电代燃料生态保护工程和水电新农村电气化县建设。

2013年，年内完成工业总产值60亿元、增长15.4%，实现工业增加值16.5亿元、增长16.2%。

2014年，园区建设不断夯实，工业经济稳中有升。科学定位园区规划，突出园区基础设施建设，做好企业扶持服务，工业经济运行保持良好态势。跨省经济合作园区规划工作顺利推进，完成园区总体规划编制上报两省（区）发改委，启动园区总规环评报告书、水土保持规划等七个专项规划编制，园区管理机构组建方案通过省级审批。县工业园区由"一园二区"调整为"一园六区"，园区面积从14平方公里扩展到48.16平方公里。成立富宁县工业园区投融资开发公司，收储土地1000余亩，水、电、路等基础设施建设进一步完善，园区承载能力明显提升。矿产资源"两整一提高"专项工作稳步开展，矿业秩序明显好转，签订者桑—洞波金矿资源整合协议。认真贯彻落实省州促进工业经济平稳增长各项优惠政策，投入工业扶持资金1917.86万元，做好金

泰得公司、永鑫糖厂、普阳煤矿等规模以上企业扶持发展和协调服务，依法申报鸿浩水产、大山木业、正龙金矿、新源矿业，全县规模以上工业企业从10户增至14户，完成规模以上工业总产值37.52亿元、增加值12.67亿元，分别增长21.6%和23%。

四 优化结构布局，着力促进服务产业繁荣发展

（一）加快发展商贸物流经济

围绕云南临海产业园富宁物流中心战略定位，依托通边达海的交通优势，加快商贸物流园区规划及配套建设，抓好火车站物流仓储、机动车交易中心、建材加工市场、综合性停车服务中心等关联项目建设，努力助推物流经济发展。

（二）完善城乡商品配送网点布局

继续实施"万村千乡"市场工程建设，提升县城购物中心和板仓、者桑、花甲等农贸市场规模，推进日用商品、生产资料配送中心和网点建设，实现社会消费品零售总额34.9亿元，增长14%。

（三）加快旅游服务融合发展

依托驮娘江、架街自然风光，归朝、谷拉、剥隘民族传统文化和红色革命文化的"一江两线"生态资源，及木央边境特色旅游优势，进一步加快配套服务设施建设，提升旅游产品包装层次，促进旅游产业创新发展。

（四）巩固房地产业发展

统筹推进房地产开发项目建设，推动城乡住房持续供给，完成房地产开发投资2.1亿元、增长25%，实现商品房交易8.8万平方米、增长30%。

（五）提升金融服务水平

争取恢复郎恒、睦伦基层农信社，加快乡镇金融工作站和农村产权交易平台建设步伐，推进农村支付体系和信用体系建设工作，扩大农村惠农支付服务网点覆盖范围，新增金融信贷投放6.5亿元以上，存贷比超60%，不断提升农村金融服务能力和水平。

五 注重园区建设,着力推动通道经济集聚发展

(一)加快园区规划编制工作

围绕建设全国跨省经济合作示范区、全国水电铝和铝深加工示范区的总体目标,积极配合做好文山—百色跨省经济合作园区总体规划编制工作。加快归朝生物资源加工区和板仑冶金建材加工区的规划调整,推进田蓬口岸"转新开放升为国家级口岸"、头塘物流加工区规划编制。

(二)夯实园区基础设施

全力做好文山—百色跨省经济合作园区土地储备、供电、供水、通路通讯等工作。完成归朝生物资源加工区主干道和循环道路、供水管网、110千伏输变电工程建设。完成板仑冶金建材加工区入园主干道路面硬化、水厂建设。全面完成田蓬口岸联检查验配套设施建设,促成"一关两检"业务开展。

(三)大力发展通道资源优势产业

依托良好的区位优势及以"一铁一线一港两路"为纽带而形成的经济发展大通道,积极促进富宁—八宝一体化建设,增强文山—百色跨省经济合作园区、归朝生物资源加工区、板仑冶金建材加工区和田蓬口岸的吸引力、聚集力,促进物流、加工、贸易等产业聚集发展。

六 加大基础设施建设,着力增强发展后劲

(一)加大水利建设投入

落实水利部挂钩扶持定点扶贫规划,积极争取资金、项目、人才、技术扶持,完成普厅河城区段、那马河者桑段、南利河治理工程及新华安兰小流域坡耕地水土流失综合治理。启动实施洞波洞洪、归朝孟村等6个中央财政小型农田水利及老丫山病险水库除险加固项目建设,争取法常、西六小Ⅱ型水库开工建设,做好那恒中型水库、那哈小Ⅰ型水库等项目前期工作。平耶水库、金竹坪水库等工程稳步推进,建成饮水工程262件、小水窖5160口,解决和改善4.99万人、1.95万头(匹)大牲畜饮水困难及饮水安全问题。

(二)扎实推进交通基础设施建设

配合做好云桂铁路、富那高速公路、国道323线提级改造富宁段建

设。启动里达至郎恒、阿用至那来、那能至六温、花甲至木垢等通行政村路面硬化。完成那能至剥隘油路,归朝旧寨至谷拉百龙、叭咙至大坪子等 5 条 51.1 公里路网连接公路,弄所至百民等 11 条 235.5 公里在建通行政村路面硬化、归朝危桥改造、阿用那连桥、洞波百江桥等项目建设。完成通建制村路面硬化 11 条 163.6 公里、村村公路 25 条 70.9 公里,88 个未通公路村组实现通车。建成 9 个乡镇客运站点和 25 个建制村招呼站。全力打通与广南、广西接壤县,县内的乡际、村际公路 12 条 250 公里。

(三) 抓好民生项目建设

落实就业创业政策,开发就业岗位 3600 个,新增城镇下岗失业人员再就业 2024 人,发放创业贷款 3613 万元。实现城乡居民社会养老保险参保 24.39 万人,发放城镇职工及城乡居民社会养老保险 5011.35 万元。建成 2013 年度保障性住房 850 套,启动 2014 年度建设任务 300 套。不断扩大社会救助覆盖面,累计发放城乡低保、医疗救助、救灾救济等各类民生保障资金 1.73 亿元。创新教育管理体制机制,强化教师队伍建设,加大教学质量奖励力度,教育教学质量明显提升,高考总上线率、本科上线率和初中学业水平测试总平均分均居全州第一。投入 1.37 亿元,建成县一小、二小教学综合楼等 64 栋校舍,完成归朝民族中学整体搬迁,启动思源学校、睦伦中学、木央中心小学及者桑等 4 所乡镇幼儿园建设,扩大校舍面积 8.8 万平方米。投入 3339.3 万元,建成谷拉等 5 个乡镇卫生院业务楼和 13 个标准化村卫生室,全县新增病床位 480 个。新型农村合作医疗参合率达 97.25%,累计补助 48.8 万人(次) 1.53 亿元,受益面达 132%。城乡群众性文体活动广泛开展,坡芽山歌在国家大剧院大放异彩。充分利用革命纪念馆、乡镇红色文化陈列室等平台,大力弘扬爱国主义、红色文化精神。投资 2.3 亿元建成富宁低海拔训练基地一期工程,完成 25 个 "七彩云南全民健身工程" 和村级体育文化广场等一批乡村公共文化体育设施建设,组队参加第十四届省运会,荣获 4 金 4 银佳绩。

七 坚持项目带动,着力激发发展活力

(一) 做好重点项目建设管理

按照已确定的 "三个二十" 重点项目,继续执行处级领导挂钩责任

制,优先保障、优先服务,抓好老城区改造、洞波整乡推进、里达至郎恒油路、桐子湾小水电代燃料等项目建设管理,倒排工期、倒逼进度、加大督查,确保尽快形成实物工程量。

(二) 抢抓机遇争项目

准确把握产业政策和投资导向,完善重点项目库,抓好项目的筛选、策划、可研等前期工作,申报一批重大项目,争取进入州、省和国家规划盘子。重点做好水利水电、石漠化治理、左右江革命老区振兴和边疆少数民族地区基础设施建设等项目申报。年内争取国家及省州资金增长10%以上。

(三) 全力以赴引投资

进一步完善招商签约项目引进、退出机制,全力做好招商项目的跟踪对接和协调服务,积极破解项目入驻审批难、用地难、落地难等问题,吸引更多大项目、大企业落户,努力在建设区域经济合作、发展沿边临海产业、承接东部产业转移上取得新的突破。力争年内签约引进新项目20个,协议引资27亿元以上,新开工项目18个,实际到位资金25亿元以上。

第三节 "十二五"期间富宁县经济发展中呈现的问题及取得的经验

回顾"十二五"以来,富宁县经济社会发展取得了长足的进步,经济总量增长明显,人民生活水平不断提高,城乡基础设施建设不断完善,经济社会统筹协调发展取得明显成效。但在发展过程中也存在一些问题,不容忽视,同时也取得了弥足珍贵的发展经验。

一 经济发展中呈现的问题

(一) 发展的基础差、底子薄,群众自我发展能力不强

富宁县境内山高坡陡,地势狭窄,全县山区面积占国土面积的96%,土地贫瘠,群众生产生活条件差。农田水利设施和乡村、村村公路建设滞后,抵御自然灾害能力不强,群众自我发展、脱贫致富能力有待进一步提高。

（二）经济规模小，产业发展不平衡

经济增长的质量还不高，产业结构仍然不够优化，第一产业比重居高不下，二、三产业比重相对较小，规模小、效益低，经济增长主要依靠投资拉动，消费需求对经济增长拉动小，经济发展主要依靠资源型工业增长和投资来带动，经济结构有待进一步优化。

（三）区位优势作用发挥不够明显，固定资产投资后劲不足

虽然富宁县地处泛珠三角区域、东盟自由贸易区和云贵大通道等重要经济结合部，拥有丰富的矿产、水能、生物等优势资源，但资源利用程度低，开发较为粗放，区位优势和资源优势均未较好地转化为经济优势，全县经济发展提速慢。固定资产投融资渠道还较为单一，缺乏有效的融资平台。重大项目储备不足、融资困难，特别是具有战略支撑作用、带动能力强的产业项目、基础设施项目还比较少。

（四）社会发展相对滞后，民生问题亟待进一步改善

受经济发展水平影响，科技、文化、教育、医疗等社会事业投入严重不足，发展相对滞后。科技对经济的贡献率不高；文化建设无法满足人民群众日益增长的精神需求；城乡教育资源配置还不够合理，教育发展不均衡。公共卫生服务网络尚待完善，基层卫生技术人才匮乏。城乡经济二元结构矛盾依然突出，城乡收入差距较大。新增就业岗位空间不足，就业压力较大。公共服务体系不完善，社会服务水平亟待提高。

二 经济发展中取得的经验

（一）坚持党的领导是经济社会发展的坚强保证

事业成败，关键在党。县委和全县各级党组织十分重视和加强党的思想、组织、作风建设，坚持党在一切工作中的领导核心地位，统一思想，加强领导，把握大局，科学谋划，团结和带领各族干部群众在推进全县科学发展和谐发展跨越发展事业中不断取得新成就。

（二）坚持科学发展是实现跨越发展的重要基础

始终坚持"农业立县、工业强县、开放活县、城镇富县、科教兴县、和谐稳县"六大战略，以科学发展观为指导，立足实际，着眼长远，各项工作都注重调查研究和分析论证，坚持科学谋划、科学组织、科学实施，确保了全县经济社会快速发展。

(三) 坚持产业带动是推进农业增效农民增收的关键举措

发展优势特色产业是促进农业增效农民增收的有效途径之一。县委充分利用富宁县的区位和资源优势，坚持把甘蔗、油茶产业作为县域农业一大特色产业和促进农民持续增收的希望产业来抓，采取强化组织领导、科学规划布局、加大招商引资、出台扶持政策等一系列政策措施，整合各方资源，实施品牌战略，壮大基地规模，推行标准化生产，狠抓甘蔗、油茶等特色优势产业发展，促进产业标准化、规模化发展。

(四) 坚持改革开放是增强县域经济发展的强大活力

始终按照"解放思想、解决问题"的要求，充分发挥富宁是云南"东大门"和"出海口"的优势，不断深化体制机制改革，革除各种制约经济社会发展的体制机制障碍和不利因素，勇于探索，大胆创新，不断提高对外开放水平，招商引资工作取得了重大突破，全县经济社会发展的环境不断改善、活力不断增强。

(五) 坚持保障民生是促进社会事业发展的根本核心

始终把维护好、发展好、实现好广大人民群众根本利益作为一切工作的出发点、落脚点和检验标准，注重切实保障和不断改善民生，不断健全和完善社会保障体系，加大"三农"投入和扶持力度，积极统筹城乡发展，让广大人民群众共享全县经济社会发展的成果。

三 进一步加大经济领域的改革

按照中央经济会议精神，坚持稳中求进，主动适应经济发展新常态，保持经济运行在合理区间，结合执行过程中出现的新问题，进一步加强领导，精心组织，狠抓实施，确保"十二五"规划目标任务如期完成。

(一) 以主动适应经济发展新常态为新动力，打造开放创新经济升级版

当前，全国、省州经济发展进入新常态，正从高速增长转向中高速增长，经济结构正从增量扩能为主转向调整存量、做优增量并存的深度调整，经济发展动力从要素驱动、投资驱动转向创新驱动。作为欠发达县，要实现与全省全州同步进入小康社会目标，必须正确看待当前形势，正确处理稳中求进与加快发展的关系，立足优势，自我加压，调整

增长方式,努力赶上全省全州发展步伐。

保持经济运行在合理区间。功成不必在我,妥善处理好当前与谋划长远的关系,多做攒后劲、见长效、利长远、夯基石的实事,是当前富宁发展的首要任务。今天的打基础是为了明天发展迈出更稳、更大的步伐。客观分析省情州情,结合自身实际,2015年经济社会发展预期目标与往年相比,增速下调2%,主动适应经济发展新常态。

加快转变经济发展方式。抓好"一袋糖、一篮菜、一壶油、一条鱼、一头牛"这"五个一"工程,加大龙头企业引进培育力度,稳定经济发展基础。做大做强生物资源精深加工、矿产资源综合开发等支柱产业,积极培育新材料、新能源等战略性新兴产业,通过科技创新提升企业竞争力,打造新的产业集群,壮大经济发展实力。完善社会化服务体系和社会保障体系,在特色文化旅游、电子商务、现代物流、金融保险、生态资源开发上做文章,强化经济发展支撑。

激发活力促进创新驱动。坚持简政放权,全面深化改革的每项部署、每个要点,加快转变政府职能,厘清政府和市场的关系,建立公共服务型政府,激发市场和社会活力。坚持质量效益为中心,注重招商选资,实施创新驱动战略,加大创新研发力度,推动技术改造,实现更有质量、更有效益、更可持续的发展。坚持抓基础兴产业,抓改革增活力,抓创新促发展,抓民生保稳定,积极打造富宁经济社会转型发展升级版。

(二)以质量效益为核心,实现经济结构调整新突破

推进农业综合发展。认真开展省级科技成果转化示范县创建工作,抓好粮食高产创建,完成粮食播种面积68.5万亩、实现产量15.25万吨。组建农业专业合作社服务中心,继续抓好睦伦农业产业园发展,鼓励和引导种植大户通过有序流转土地,发展农业庄园、家庭农场等新兴农业经营主体,建立新型合作组织形式,新增农民专业合作社40个以上。继续落实甘蔗、罗非鱼、肉牛产业发展奖励扶持办法,抓好5000亩甘蔗高产示范基地建设,实现甘蔗进厂114万吨;组建罗非鱼产业发展服务中心,巩固提高罗非鱼养殖规模,实现进厂3万吨;加大培育畜牧养殖大户,实现肉牛出栏13.2万头、生猪出栏66.1万头。加快八角产业发展规划编制,加大油茶抚育管理力度,稳

步发展速生丰产林以及草果、中药等林下经济，着力构建甘蔗、油茶、八角、罗非鱼、肉牛、生猪等"种养结合、多业并举"的产业发展新格局，实现农业生产总值达32.9亿元。抓好"兴地睦边"、水土流失综合治理及重点产业配套设施建设，改造中低产田4.13万亩，新修产业道路120公里，新建和整修"五小水利"工程4525件（次），新增有效灌溉面积0.56万亩，改善灌溉面积1.6万亩，新增节水灌溉面积0.16万亩。

保持工业平稳增长。加快跨省经济合作园区机构组建步伐，全力推进合作园区各项前期工作。完善归朝、板仑园区服务配套功能，加快标准厂房建设，提升园区承载能力，争创省级重点工业园区。以"两整一提高"为契机，大力推进花甲铅锌矿、正龙金矿等矿业项目建设，提高矿产资源整合对经济增长的贡献率。做好金泰得公司、永鑫糖厂、大山木业、鸿浩水产等现有企业服务工作，全力协调劳动力、原料、电力、运输等各项生产要素保障，确保企业满负荷生产。加强富水水电、富海热果加工厂扶持培育，新增规模以上企业2户以上。全力推进润嘉公司中药材厂、稻香公司米业加工等项目建设，促其尽快投产达产，形成新的工业经济增长点。完成规模以上工业总产值45.94亿元，增长22%，实现规模以上工业增加值14.93亿元，增长22.5%。

促进第三产业活力发展。调整产业结构，提升三产对经济发展贡献率。支持规模工商企业加快发展，加大"两个10万元"小微企业培育扶持力度。继续加快天赢农贸市场、花甲、阿用等"万村千乡"市场建设，构建县乡村三级批发零售市场体系，合理规划建设城市商业网点，规范发展批发零售及住宿餐饮行业。依托产业基地和交通枢纽，大力发展现代商贸物流产业，抓好机动车交易中心、大型停车场等项目建设，培育打造五金建材、土产百货、农产品交易等市场。围绕红色文化、边境风情、民族文化等优势资源，把富宁低海拔体育训练基地、坡芽壮族特色村打造成旅游新景观新亮点。实现第三产业增加值24.2亿元，增长5%。

（三）以投资拉动为重点，促进县域经济发展新提升

加快重点项目建设。继续实行县处级领导挂钩联系"三个二十"重点项目工作机制，加大全程跟踪督查督办力度。完成富那高速公路、金

竹坪水库、中石化玉溪至富宁成品油管道等项目建设。强力推进云桂铁路、40米大街、里达至郎恒边防公路、平耶水库、500千伏里地换流站等项目建设。启动国道323线提级改造、火车站站前广场、法常水库等一批具备开工条件的重点项目，确保项目投资对经济增长的拉动。认真做好县城垃圾处理厂迁建、那恒水库、各丘水库等项目前期工作，抓好征地拆迁、资金、水电等要素保障落实，为项目快速推进创造条件。实现规模以上固定资产投资69.86亿元，增长18%。

加强招商引资工作。采取"走出去"与"引进来"相结合的招商办法，有针对性地进行招商，努力提高招商引资成功率。主动对接服务，采取专人盯办、全程跟进的方式，加大香港万联高新集团科技产业园、龙岗鞋业商会轻纺基地、金都门业、亿茂服装厂等招商项目对接洽谈力度，促成项目尽快落地建设。简化办事程序，为客商提供优质、高效服务，为企业提供放心、安全的经营环境，享有医疗服务、住房保障、子女就学等同等待遇，营造重商、亲商、安商的良好环境。完成招商引资实际到位资金35亿元。

全力抓好规划编制。认真做好"十二五"规划终期评估，扎实抓好"十三五"规划编制工作。抓住桥头堡建设和实施滇桂黔石漠化片区区域发展、左右江革命老区振兴发展等重大机遇，加快推进跨省经济合作园区、富宁—八宝一体化建设、城乡统筹发展、县城总体规划以及页岩砖厂、砂石场等专项规划编制和修编，报县人大常委会批准实施，强化规划的严肃性和权威性。积极谋划、包装和申报项目，争取跨省经济合作园区、富宁港二期工程及过船设施、富宁至麻栗坡至马关边境高速公路、富宁低海拔体育训练基地二期等项目纳入国家、省州"十三五"规划盘子。

（四）以城乡一体为目标，构建城乡统筹发展新格局

注重以人为核心的城镇发展。认真落实好转户农民在城镇教育、医疗、社保、住房保障等一系列政策，与城镇居民享受同等的政治、经济、社会权益，统筹好人与城的关系。加快人力资源市场和就业服务体系的培育和发展，提高物流、金融、商贸等现代服务业比重，推进城乡产业融合发展，统筹好人与市场的关系。加大城市基础设施、绿化美化建设力度，突出城市文化品位，统筹好硬环境和软环境的关系。坚持绿

色、低碳、可持续发展理念，统筹好发展与保护的关系。

注重以路为基础的交通布局。年内实现富那高速公路建成通车，加快在建项目建设进度，完成里达至郎恒边防公路、环城路北线路基工程；启动国道323线归朝至百乐段提级改造项目；做好国道323线泮水至归朝段、阿用至木央等国道省道公路改建前期工作。完成花甲至龙三盘、平麻至木垢、法同桥至那来、阿用至者兰、者桑至那马、那塘至者宁、那能至六温等11条126公里通建制村路面硬化；启动谷拉至峨村至龙色、平奴至平纳、弄亭至那法、芭莱至三湘洞、岩怀至架街、阿用至那翁等10条130.4公里路面硬化建设。

注重以城为中心的城乡建设。根据"政府主导、统一规划、市场运作"的原则，抓好头塘、火车站、安广玉林等片区土地收储工作，通过"招、拍、挂"牢牢把握土地一级市场。做好硕峰金座、丰尚国际、旧城改造、香樟苑二期等房地产开发项目监管服务，新增商品房600套6.9万平方米。完成县城至火车站40米大街铺筑工作，探索建设城市综合管廊，抓好环城北路、天然气城区集中供气、110千伏新城输变电工程建设，全面完成污水管网建设任务，启动老城区"五桥一堤"项目。抓好城乡环境综合整治，坚决打击"两违"行为，强化监管职能，合理划定区域保障进城农民建房用地，努力营造宜居、宜业、宜商的城市环境。

注重以美为标准的村落打造。按照"十个一"工程建设目标，着力建设以"秀美之村、富裕之村、魅力之村、幸福之村、活力之村"为支撑内容的升级版新农村，稳步推进花甲乡扶贫整乡推进项目建设，完成29个整村推进、美丽乡村、产业扶贫、特色村寨等项目建设，改造危房1500户。建成农村饮水安全工程219件、小水窖668口，解决2.85万人、1.37万头（匹）大牲畜饮水问题。依托中国富宁壮族坡芽文化，将坡芽村打造成个性鲜明、形象突出、文化特色浓郁的宜游宜居村寨典范。优化村居布局，坚持建设与保护并举，逐步实现自然村落有效集中，把小村子变成大村寨，逐步向村委会和乡镇聚集，不断提升人居环境和发展条件。

第四节 "十三五"期间富宁县经济发展的思路和目标

"十三五"（2016—2020年）是实现全面建成小康社会奋斗目标作最后冲刺的关键时期，是构建社会主义和谐社会和实现中华民族伟大复兴的中国梦的重要时期，也是深化改革开放，加快转变经济发展方式，努力缩小发展差距的攻坚时期。

一 经济发展的指导思想和基本原则

（一）发展的指导思想

"十三五"时期，富宁县经济社会发展应坚持的指导思想和发展思路是：高举中国特色社会主义伟大旗帜，以邓小平理论、"三个代表"重要思想和科学发展观为指导，深入学习习近平总书记系列讲话重要精神，全面贯彻落实党的十八大精神，主动适应中国经济发展"新常态"，以深入推进新一轮西部大开发和"桥头堡"建设为契机，以提高经济总量和城乡居民收入为核心，以提升十大品牌为引领，积极探索新型工业化、信息化、城镇化和农业现代化新路子，坚持调整结构转方式，壮大产业促跨越，打牢基础强后劲，统筹城乡惠民生，改革开放增活力，建设生态促和谐，加快科学发展、和谐发展、跨越发展进程，努力实现富宁县全面建成小康社会。

（二）发展的基本原则

一是坚持突出重点，统筹兼顾。从缓解基础设施薄弱、社会事业发展滞后、生态脆弱、贫困人口多等主要矛盾入手，解决好群众生产生活中的突出问题。既要统筹区域整体推进，又要着力突破最薄弱环节，贫困群体优先；既要通盘考虑总体规划，又要分步实施稳步推进；既要积极争取国家投入资金扶持，又有动员群众自力更生、艰苦奋斗，增强自我发展能力。

二是坚持从实际出发，因地制宜。根据富宁的实际情况，在分析需要与可能的基础上，合理确定发展目标，科学规划，分步实施，集中力量，整体推进，协调发展。

三是坚持资源开发与生态环境保护相结合。充分发挥资源优势，积极发展特色优势产业，提升地区整体经济实力。同时在资源开发中大力发展循环经济，实现经济发展与人口、资源、环境相协调和社会经济可持续发展。

四是坚持创新驱动，完善体制机制。把创新发展作为推动经济社会发展模式转型的根本动力，把创新精神贯穿于改革开放全过程，加快完善有利于科学发展的体制机制，提高自主创新能力，实现制度创新与科技创新的有机统一。进一步转变发展观念，把干部群众思想统一到加快发展上来，用新思想、新观念来推动大发展。

五是坚持民生优先，实现共建共享。把改善群众生活作为经济社会发展的根本目的，坚持发展为了全县人民、发展依靠全县人民、发展成果由全县人民共享，把发展的出发点和落脚点真正体现在富民、惠民、安民上，实现富民与兴县的有机统一。

六是坚持开放合作，实现互利共赢。把拓展对外开放广度和深度作为促进经济结构升级的根本途径，扩大开放领域，优化开放结构，提高开放质量，形成参与国际、国内经济合作和竞争新优势，开创全面开放新局面，实现对内对外开放相互促进、各方互利共赢。

二 经济发展的战略定位和空间布局

（一）发展的战略定位

第一，打造云南东部区域性水陆交通枢纽。随着广昆高速公路的贯通，云桂铁路、富宁港及西江亿吨黄金水道的建设和云南建设中国面向西南开放桥头堡战略的推进，富宁已经成为云南与东部发达地区交流合作的桥梁纽带，人流、物流、资金流、信息流汇聚于此。"十三五"期间，要坚持以"建设大通道、促进大发展"为目标，积极配合省州建成富宁经那坡至防城港高速公路、富宁至田蓬口岸高等级公路，积极推进富宁至马关至河口高等级公路建设，实现富宁至德宏瑞丽口岸、腾冲、孟定口岸等边境口岸连接。确保云桂铁路建成通车，力争启动蒙百铁路和富宁港二期建设，积极推进县乡公路、铁路、高速公路与港口的对接，逐步形成水陆一体的区域性交通网络格局。

第二，建设云南承接东部产业转移的试验示范区。以新一轮解放思想为契机,以坚持科学发展观为统领,以加快富民强县为目标,紧紧抓住东部产业转移、泛珠三角经济合作和广西北部湾经济开放开发这个千载难逢的历史机遇,大打以生物资源开发、重化能源为主的工业牌,确立工业经济的主导地位,着力把富宁县打造成新兴工业产品加工基地,实现县域经济质的提升和量的增长。坚持"敢闯敢试、先行先试、边干边试"的工作方针,积极向国家和省委、省政府申报"先行先试"试验区。积极实施"政策创新、主动承接、错位发展、打造平台、降低成本"五大战略,构建高效率的产业转移承接体系和优惠政策,把富宁打造成为云南省承接东部地区产业转移的试验示范区。

第三,建设滇桂越结合部的商贸物流中心。紧紧依托广昆高速公路、云桂铁路、富宁港的建设和蒙百铁路、富宁至德宏瑞丽等沿边通道项目规划,以云南省建设中国面向西南开放的重要桥头堡战略、广西打造西江亿吨黄金水道为契机,积极制定物流业发展规划,做好物流产业发展这篇文章,出台鼓励扶持物流业发展的优惠政策,争取国家保税政策,高起点建设物流园区,加强专业集散市场建设,提高物流服务水平和加大政策扶持力度,切实把富宁打造成云南连接东西、面向越南的重要商贸物流中心。

第四,建设滇东南绿色经济带。依托富宁县山多地广、自然生态环境优越、农林特产资源丰富的优势,以"优化农业"为主题,按照"建基地、育龙头、创品牌、深加工、增效益"的工作思路,科学规划农产品基地布局,积极推行标准化生产,着力打造农业特色品牌,在农业发展中走出一条以生态农业为特色的"绿色经济"发展路子。到2020年,重点以油茶、甘蔗、核桃、八角、速生丰产林等绿色生态产业发展为主,全力推进全县120万亩油茶、60万亩核桃、100万亩八角、100万亩速生丰产林、60万亩甘蔗种植和精深加工以及年产8万吨罗非鱼基地建设,做大做强绿色经济。同时,采取宜种则种、宜养则养或种养并举的办法,积极推动果蔬、畜牧等其他绿色产业的发展,把富宁建设成为滇东南重要的绿色生态产品加工基地。

第五,建设滇东南康体休闲运动中心。继续把城镇建设作为加快发展推动城乡一体化的重要手段,不断深化经营城市理念,以"建设山水园林城市,打造云南东大门形象"为目标,围绕"柔情富宁、休闲壮乡"文化主题,按照"高起点规划,高标准建设,高水平经营,高效能管理"的总体要求,努力建设清洁优美的自然环境、先进完善的设施环境、高效规范的体制环境和健康和谐的人文环境。以建设滇东南康体休闲运动中心为目标,着力挖掘壮乡文化资源,进一步完善旅游服务和文化体育设施,提升城市品位,努力构建具有壮乡特色的山水园林城市,将富宁县城打造成集"休闲、旅游、健身"为一体的精品县城。继续围绕"小而精、小而美、小而特"的集镇建设战略和厚实的文化内涵,精心打造品牌,建成一批具有浓郁壮乡民族文化特色的生态集镇和村落。

(二)发展的空间布局

根据富宁县产业发展、区位优势、气候条件等实际情况,进一步优化产业发展空间布局,建立和完善"一核、两翼、三带、六区、六大基地"的空间发展格局。

三 经济发展的目标任务和指标体系

到2020年,基础设施更加完善,经济实力显著增强,城乡居民收入大幅增加,人民生活水平和质量不断提高,民生和社会建设明显加强,与全国基本同步实现全面建成小康社会目标。人均生产总值达到31400元以上,城镇居民人均可支配收入达38000元以上,农民人均纯收入达到12000元以上,城镇化率达到50%以上,人均受教育年限达到10.5年以上。

第五节 "十三五"期间富宁县经济改革重点

针对我国目前经济发展的现状,中央提出了"主动适应经济发展新常态"的要求,并认为我国当前正处于从高速发展到中高速的增长速度转换期、结构调整阵痛期、前期刺激政策消化期"三期叠加"的重要经济发展阶段。必须正确地理解"新常态"和"三期叠加"的经济状态,建立正确的经济发展观念,做好经济发展的各项工作,在"新常态"下继续深化改革。①

一 完善基本经济制度

（一）深入推进国有企业改革

推进公共资源配置市场化，进一步深化国有企业改革。深化企业内部管理制度创新，推进国有企业重大信息公开。健全国有资本经营预算和收益分享制度，提高国有资本上缴公共财政比例。合理确定并严格规范国有企业管理人员薪酬水平、职务待遇、职务消费、业务消费。加强国有资产监管，改革国有资本授权经营体制。进一步规范专业投融资公司运作，使国有资本更多投向对地方经济发展有支撑力和带动力的重要行业、前瞻性战略产业，重点提供公益性产品和服务的领域。推进各级党政机关与所办企业及其管理的经营性资产脱钩，实现经营性国有资产集中统一监管。

（二）加快发展混合所有制经济

健全现代产权制度，保护各种所有制经济产权合法利益，保证各种所有制经济依法平等使用生产要素、公开公平公正参与市场竞争、同等受到法律保护，依法监管各种所有制经济。全面推进国有股权开放性、市场化重组，积极引进战略投资者、财务投资人和各类基金参与国有企业改组改制，促进产权和投资主体多元化。推动各类国有资本、集体资本和非公有资本等交叉持股、融合发展，优化国有企业股权结构。完善国有资本退出机制。允许非国有资本参股国有资本投资项目，鼓励混合所有制经济实行企业员工持股，形成资本所有者和劳动者利益共同体。

（三）促进非公有制经济健康发展

废除对非公有制经济发展的各种不合理规定，清理各种地方保护、市场分割和垄断保护，消除各种隐性壁垒，积极推动民间资本投向国家没有明令禁止和特许经营等领域。鼓励非公有制企业参与国有企业改革，鼓励发展非公有制资本控股的混合所有制企业，鼓励有条件的私营企业建立现代企业制度。继续落实支持民营经济发展的政策措施，推动能源、交通、电信、金融、环保等行业和文化、教育、医疗卫生、体育

---

① 袁长军：《新常态是中国经济发展的必然过程》，《红旗文稿》2014年第24期。

等领域向非公有制经济开放，平等享受市场准入待遇和公共服务资源、公平获得生产要素。建立完善扶持非公有制经济发展的配套政策和落实机制，健全中小企业社会化服务体系。设立中小企业发展基金，引导更多民间资本进入实体经济领域。加强和改革工商联工作，大力培育商会、行业协会组织，建立非公有制企业自律机制。建立健全促进非公有制经济发展综合协调机制。

二　完善经济发展体制机制

（一）完善市场体系和规则

加快建设开放、竞争有序的产品、技术、产权、资本、劳动力资源、自然资源、土地等各类市场，实现商品和要素自由流动、平等交换。实行统一的市场准入制度，在制定负面清单基础上，各类市场主体可依法平等进入清单之外的领域。改革市场监管体系，实行统一的市场监管，限期清理和废除妨碍统一市场和公平竞争的各种规定和做法。健全监管体制和机制，反对垄断和不正当竞争。建立健全诚信褒扬、失信惩戒的社会信用体系，建设诚信富宁。健全市场化退出机制，完善企业破产制度。推进工商注册制度便利化，削减资质认定项目，实行先照后证和注册资本认缴登记制度。

（二）完善由市场决定价格的机制

凡是能由市场形成价格的，都交给市场，政府不再进行不当干预，重点规范市场主体价格行为。政府定价范围主要限定在重要公用事业、公益性服务、网络型自然垄断环节，放开竞争性环节价格。深化资源性产品价格改革，建立健全优势资源开发促进发展和生态保护的价格形成机制，完善用电、用水、用气阶梯价格制度。健全粮食、甘蔗、水产等重要农产品价格保护机制。

（三）加快金融市场体系建设

鼓励国内外金融机构来富宁设立分支机构以及后台服务机构，支持民间资本积极探索设立中小型银行、村镇银行、小额贷款公司、担保公司、典当行等金融机构和组织。抓住云南省与广西壮族自治区建设沿边金融综合改革试验区的机遇，推进沿边金融综合改革，优化县政府金融办职能，规范完善现有城投、铁投等投融资平台，深化"三权三证"、渔业产权融资抵押,积极引导各金融机构创新金融产品,增强金融对实体经济的服务功能。加大金融对重点项目、"三农"、中小微企业和园区、民营经济的支持力度。

(四)推进电力体制改革

在省争取列为国家电力体制改革试点的背景下,积极探索建立"输配分开、竞价上网"的运营机制。搭建电力交易平台,积极推行发用电企业交易。探索建立区域性供电网络,对清洁载能产业基地开展专网专供、过网直供试点。建立健全合理的电价形成机制,实施区域电价、节点电价等政策,推进大用户直购电,引导清洁载能产业向水电、矿产资源富集区布局和转移。探索资源地以资源入股和享有一定免费电量等方式参与水能资源开发利用的共享机制。推进文山与百色进行水电铝跨省区合作开发新模式。鼓励中小水电和其他新能源就地利用。

三 统筹城乡一体化发展

(一)推进城乡公共资源均衡配置

高质量编制并实施《富宁县城乡统筹发展规划》和《富宁县城总体规划(修编)》,促进城乡规划、基础设施、产业发展、公共服务和管理体制一体化,实现城乡要素平等交换和公共资源均衡配置。稳步推进城镇基本公共服务常住人口全覆盖,实现进城农民工和市民在劳动报酬、劳动保护、子女教育、医疗服务等基本公共服务和公共产品的均等化,把进城落户农民全部纳入城镇住房和社会保障体系。完善政策性农业和农房保险制度,扩大保险覆盖面,积极发展农民互助保险,实现统筹布局、同步建设、联网共享城乡基础设施。完善农村公共服务投入和优质教育、医疗资源城乡共享机制。鼓励社会力量进入公共服务领域,建立多元化供给机制。逐步建立城乡一体的基本公共服务供给制度。

(二)完善新型城镇化建设的体制机制

推进以人为本的新型城镇化,促进城镇和美丽乡村建设协调推进,进一步加大城镇化改革发展力度。完善户籍制度改革,落实社会保障权益,促进农业人口有序转移为城镇居民。加快推进富宁板仑一体化建设进程,着力构建以城带乡、城乡一体的新型关系。以打造剥隘、田蓬特色集镇为重点,发挥示范引领作用,带动其他集镇向特色化发展。重视历史文物保护和文化建设，完善建筑质量管理制度，提升人居环境和城镇化发展质量。探索以政府发债、政策性金融支持、特许经营等方式引导社会资本参与城镇基础设施建设和运营管理，建立多元可持续的资金保障机制。建立和完善跨行政区域城市基础设施、公用事业设施共建共享的体制机制。有序推进撤县改市工作。

（三）创新扶贫开发方式

坚持开发式扶贫方针，实行扶贫开发政策与农村最低生活保障制度有效衔接。落实滇黔桂石漠化片区区域发展与扶贫攻坚规划、左右江革命老区振兴规划，促进区域协作，形成促进加快发展的长效机制。健全完善整乡推进、整村推进和连片开发工作机制。建立健全扶贫项目"建、管、用"机制，实行党政"一把手"对扶贫开发负总责的责任机制。积极推动部门整合，实现合力攻坚。进一步落实扶贫特困民族、散居民族发展的政策措施。加强与上级挂钩帮扶部门的联系，提升上海市虹口区对口帮扶示范带头作用，动员企业和社会各界参与扶贫，努力构建专项扶贫、行业扶贫、社会扶贫新格局。

四　深化农村经济工作改革

（一）推动农村产权制度改革

赋予农民对集体资产股份占有、收益、有偿退出及抵押、担保、继承权。建立规范的登记制度，加快推进农村承包地、宅基地及住房、林地确权登记颁证工作。鼓励农民以转包、出租、互换、转让、股份合作等形式流转土地承包权，鼓励农民以承包经营权入股发展农业产业化经营。保障农户宅基地用益物权，改革完善农村宅基地制度，试点探索、慎重稳妥推进农民住房财产抵押、担保、转让。建立完善农村产权流转交易市场和交易制度，推动农村产权流转交易公开、公正、规范运行。

（二）加快构建新型农业经营体系

坚持家庭经营在农业中的基础性地位，鼓励发展农业庄园，推进和规范农民合作社建设，培育新型农业经营主体，构建新型农业经营机制。在试点探索的基础上，按照依法自愿有偿的原则，允许并鼓励农民将承包经营权上市流转、抵押、担保，以承包经营权入股发展高原特色农业。鼓励引导各类经营主体与农户建立合理的利益联结机制，建立农业以龙头企业、农民合作社为骨干的新型农业科技推广服务体系。鼓励创新高原特色农产品网上、网下"两联动"市场营销模式。鼓励工商资本到农村发展适合企业化经营的现代种养业,加大财政、金融等支持力度,扶持建设标准化生产基地,提高规模化和专业化水平,加快推进高原特色现代农业。

(三) 推进集体林权配套制度改革

建立健全林权管理与社会化服务体系。完善集体林权流转制度,建立规范有序统一的林权流转市场。探索以所有权不变、所有权与使用权分离为主要内容的林权流转改革。进一步推进林权抵押贷款工作,加快推进林农合作社建设。深化国有林场改革,推动经营机制的转型和提升,科学引导林下经济发展。

第三章

全面深化改革进程中的富宁县域政治发展

总揽全局、协调各方,民主政治建设有序推进。强化党的统一领导。坚持党的领导、人民当家做主和依法治县的有机统一,努力巩固全县上下心齐气顺的良好发展局面。积极推进民主政治建设,推动行政决策公开化、透明化、民主化、科学化。坚持和完善人民代表大会制度,支持县人大及其常委会依法行使重大事项决定权、工作监督权和选举任免权。坚持和完善中国共产党领导的多党合作和政治协商制度,支持县政协履行政治协商、民主监督和参政议政职能。积极推进依法治县进程,强化依法行政和依法监督。支持县人民法院、县人民检察院依法独立开展审判、检察工作,切实维护司法公正。引导广大非公有制经济人士积极参与社会公益事业,支持群团组织按照各自章程开展活动,各人民团体的桥梁纽带作用得到充分发挥。

第一节 加强民主法制建设力度,促进边疆社会和谐稳定

一 加强精神文明建设

以社会主义核心价值观的培育和践行为牵引,全面加强社会主义精神文明建设。始终坚持"两手抓,两手都要硬"的方针,深入贯彻落实《公民道德建设实施纲要》,以弘扬爱国主义和时代精神为主题,加强思想道德建设特别是对青少年的教育,大力开展爱国主义、集体主义、社会主义和社会公德、职业道德、家庭美德教育,加强马克思主义的民族观、宗教观教育。提高公民素质,普及科学知识,反对封建迷

信，扫除各种愚昧落后的陈规陋习和丑恶现象。继续以创建"国家级双拥模范县"、"文明卫生城市"、"文明村镇"为载体，深入开展文明家庭、文明村（社）、文明校园、文明机关、文明单位活动，树立全县人民"讲文明、改陋习、树新风"典范。大力开展群众性精神文明创建活动，形成全县各族人民热爱富宁、建设富宁的社会氛围。倡导科学文明健康的生活方式，把富宁县的精神文明建设推向新的阶段。

二 加强民主法制建设

全面贯彻十八届四中全会决议精神，把依法治国的各项要求落到实处。自觉接受县人大代表法律监督和政协委员民主监督，进一步发挥工会、共青团、妇联、工商联及基层组织的桥梁纽带作用，提高重大政务活动的公开透明度和人民群众参与率。强化勤政廉政建设，推行政务公开、厂务公开和村务公开，提高政府依法行政水平和各级机关的工作效率。抓好法治宣传教育，深入实施"六五"普法规划，全面推进依法治县进程。加强法制建设，健全法制理念，规范司法监督，维护司法权威，为全县各类群体实现公平、正义提供法律保障。加强政府法制工作，不断完善行政执法和监督管理，健全依法行使权力的制约机制，确保行政执法、行政许可公正；始终坚持以人为本，尊重和保障人权，保证公民依法享有广泛的权利和自由。健全完善法律援助机制，依法维护弱势群体的合法权益。

三 保障边防巩固与社会和谐稳定

加强社会治安综合治理，深入开展平安乡（镇）、平安村（社）、平安家庭等创建活动。加强民兵预备役和国防动员建设，广泛开展以爱国主义为核心的国防教育，巩固军政、军民关系。加强民族团结和边境地区出入境管理，认真清理"三非"人员。加强信访工作，抓好信访问题的解决。强化矛盾纠纷化解，积极预防和妥善处置群体性事件，切实解决关系群众切身利益涉及铁路、公路、港口、口岸等重大项目的征地拆迁、林地补偿及自然灾害造成困难的问题。严厉打击危害国家安全、边防巩固、社会稳定的各类刑事犯罪活动。严密防范和严厉打击敌对势力的渗透破坏活动。依法打击邪教组织和吸、赌、贩、毒以及"两抢一盗"等犯罪活动。加强政法队伍建设，促进公正廉洁执法，坚持政治建警、素质强警、从严治警、从优待警，充分发挥政法队伍在建设平安富宁中的主力军作用。强化对生产安全、食品药品、餐饮卫生的监督和管理，保障人民群众生命财产安全。加强县内重大节庆活动的申办管理和安全管理，维护正常的工作和生活秩序，为巩固边防和社会稳定创造良好的法制环境。

第二节　深化行政管理体制改革，加快政府职能转变

一　正确履行政府职能

以全县发展战略和规划为导向，综合运用财政、产业、价格等政策手段，促进经济结构调整和生产力布局优化。强化经济运行分析和宏观经济预测预警。完善发展成果考核评价体系。加强政府决策咨询工作。推动政府职能向全面履行政府公共服务、市场监管、社会管理、环境保护转变。深化乡镇行政体制改革，继续推行扩权强镇、强园区试点工作。统筹党政群机构改革，进一步理顺乡（镇）、部门职责。落实卫生、计生、食品药品监管行政管理体制调整，严格控制机构和财政供养人员数量。稳步推进事业单位分类改革，推动公办事业单位与主管部门理顺关系和去行政化，建立事业单位法人治理结构和统一登记管理制度。

二　加快行政审批制度改革

深入推进以减少审批部门、审批事项、审批环节和审批时间"四个减少"为主要内容的行政审批制度改革。做好国家、省、州下放的审批项目承接工作，加强行政审批绩效管理，创新联审联办审批模式，减少投资项目审批、生产经营活动审批、资质资格许可认定和行政事业性收费等，不断提高行政审批服务水平。深入落实简政放权工作，继续抓好政务服务中心规范化建设，简化投资项目审批程序，提升农事e网通、政务e网通审批效率。加强对易出现风险的重点行业和重点领域的监测

预警,对变相审批、中途截留、明放暗不放的违法违规行为及时查处,推行"阳光审批"。

三 深化投资体制改革

加快构建市场引导、企业自主决策、融资方式多样、中介服务规范、政府调控有效的新型投资体制。健全和完善投资调控体系,加强对行业规划、产业政策、信息发布、区域布局等方面的引导,确保重点项目投资,优化投资结构,提高投资效率。按照《政府核准的投资项目目录》,把取消、下放的企业投资项目核准事项落实到位。完善社会稳定风险评估制度,健全重大项目审计、稽查、后评价制度,加大责任追究。改善投资管理方式,强化节能节地节水、环境、技术、安全等市场准入标准,完善投资市场监测预警系统。探索制定《富宁投资管理办法》,改善投资管理方式,培育吸引多元化投资和运营主体,带动社会资本参与重大基础设施建设。

第三节 加强干部队伍建设,提高基层党组织的领导水平和服务水平

"十二五"期间,富宁县党的建设富有成效,战斗堡垒作用进一步增强。深入推进党的群众路线教育实践活动,把教育实践活动的成果转化为推动全县发展的力量,全面贯彻"三严三实"和"忠诚干净担当"的要求,进一步提高广大党员特别是党员领导干部的思想政治水平和业务工作能力,提高服务群众、推动发展的水平。始终坚持党要管党、从严治党,以改革创新精神加强和改进新形势下党的建设。紧紧抓住干部和人才这一关键,坚持德才兼备、以德为先的选人用人原则,进一步扩大民主,提高选人用人公信度。实施千名干部能力素质提升工程,开展科级领导班子考察分析研判,切实提高干部队伍素质,为公正评价干部、培养使用干部、优化班子结构提供科学依据。坚持选贤任能,圆满完成县乡人大、政府和县政协领导班子及村"两委"换届选举工作。建立村务监督委员会,规范村级组织运行,逐步提高村干部待遇;加强流动党员管理,推进机关和社区党组织建设,拓展非公有制经

济和新型社会组织党建工作领域，不断扩大基层党组织覆盖面。认真做好党的群众路线教育实践活动前期准备工作，聚焦"四风"问题，真诚听取干部群众的意见建议，对照中央八项规定，研究出台贯彻落实细则，切实改进会风、转变文风，厉行勤俭节约。加强反腐倡廉的制度建设，严格落实领导干部廉洁从政若干准则，筑牢拒腐防变思想防线。坚决查办各类违纪违法案件，共立案查处违纪违法案件23件，给予党纪处分15人，政纪处分10人，双重处分2人。

一 全力推进领导班子和干部队伍建设

在组织推荐、干部推荐、个人自荐的基础上，创新办法，突破性地制定实施了科级领导班子和领导干部综合分析研判制度，选好配强领导班子成员，为推进县委政府各项重点工作提供强有力的人才支撑。

一是推行了一个制度。为全面深入了解和掌握全县科级领导班子及领导干部情况，切实加强科级领导班子和干部队伍建设，探索制定了科级领导班子和领导干部综合分析研判制度，明确开展综合分析研判的内容、程序、方式方法、结果运用、分组联系安排等，有效解决对各级领导班子运行和领导干部情况了解不及时、不准确、不到位的问题，避免出现干部选拔任用和日常管理中"知人不深、识人不准、任人不当"的现象。全年领导班子成员已先后深入23个单位开展调研分析，调整优化11个班子15个科级岗位。开展谈心谈话400余人次，进一步把握了科级领导班子的状况，掌握了一批工作认真、成效明显的干部。

二是储备了一批后备力量。强化科级后备干部队伍建设，认真开展科级后备干部民主推荐工作，确定科级后备干部200名。

三是培养了一批年轻干部。全年共选派20名新录用公务员和年轻干部到村委会和县直部门挂职锻炼。加强对大学生村官的管理工作，新选聘大学生村官共12人，引导大学生村官实现再就业14人。

四是配强了一套班子。圆满完成县乡人大、政府和县政协领导班子换届选举，以及县总工会、团县委、县妇联等群团组织换届工作，选举产生了各乡镇新一届人大、政府领导班子和县人大、政府和政协领导班子及法检"两长"。

五是优化调整了一批干部。在科级班子配备和干部选拔任用工作中，严格执行《党政领导干部选拔任用工作条例》、《文山州乡科级领导干部选拔任用工作规定（试行）》等干部政策法规的规定，坚持原则，把准导向，严格程序，注重选拔年轻干部、少数民族干部、女干部和党外干部，强化乡镇党政一把手的选配。全年共调整配强科级领导干部269人，其中：提拔104人，平职调整交流121人，改任非领导职务30人，免职14人。

六是强化了对干部的监督和管理。完成全县科级领导班子和领导干部的绩效考核、机关和参公单位年度考核和县委2012年度"一报告两评议"评议工作。严格执行中央"5个严禁、17个不准、5个一律"和省委"10个严禁、5不准"，结合换届工作，县委提出了严肃换届纪律工作领导干部"五带头"、全体干部"十承诺"，为县级人大、政府、政协和乡镇人大、政府领导班子换届以及村"两委"换届营造了风清气正的换届环境。深入贯彻领导干部任前公示、谈话制度，共对111名干部进行了任前公示和廉政谈话，对206名干部进行了任免职谈话。对6名领导干部进行离任经济审计。落实干部选拔任用工作全程纪实制度和试用期制度，畅通群众来访、"12380"专用举报电话、网络举报信箱等群众监督渠道，联合纪检监察等部门，认真调查核实上级立项督查或群众来信来访举报的案件，共接待干部群众来电、来信、来访20余件（次）。

二 全力打造基层服务型党组织建设

按照党的十八大提出要建设"学习型、服务型、创新型"的新型基层服务党组织的总体要求，创新管理方法，积极探索做好新形势下群众工作的方式方法，采取筑牢阵地、建好队伍、搭建平台、狠抓管理、提升能力等措施，全力打造基层服务型党组织。

一是基层阵地不断巩固。在建好村级活动场所以及厨房、卫生间等配套基础设施建设的基础上，整合100余万元资金，为全县145个村（社区）更新、补充了一批电脑、一体机、数码相机等办公设备。目前，145个村（居）委会党组织活动场所均设置有党员活动室、图书室、办公室、厨房等配套设施，基本实现村级活动场所规范化建设要求。认真抓好基层党组织晋位升级工作，采取"党组织自评、党员群众测评、上级党委总评"的方式，对全县580个基层党组织进行分类定级，评为"先进"等级374个、"一般"等级178个、"后进"等级28个，分别占64.48%、30.69%和4.83%。对被评为"一般"和"后进"等级的党组织，通过制定整改方案、明确整改措施、规定整改时限，建立整改"销号台账"等措施，确保"先进"、"后进"等级党组织全部实现晋位升级。

二是队伍建设不断加强。建好管好村（社区）党组织书记、大学生村官、常务书记、新农村建设指导员四支队伍。全年共选配村（社区）党组织书记145名，选派大学生村官12名、常务书记132名、新农村建设指导员219名。严格按照"控制总量、优化结构、提高质量、发挥作用"要求和"七个优先、七个重点"的原则把好党员"入口关"，提高党员发展的质量，全县共发展新党员717名。为发挥好各支队伍作用，制定出台了村（社区）党组织书记、常务书记、大学生村官、新农村建设指导员的激励机制和管理办法，确保其真正扎根基层、服务基层。目前，全县13个新农村建设工作队和指导员共协调项目157个，涉及资金3035.2万元，个人捐助资金（物资）11.4万元，为群众办实事好事815件。

三是服务平台不断拓展。围绕加强基层服务型党组织建设的目标要求，在建好"网上党支部"、"农事e网通"、"政务e网通"、基层社会管理综合信息系统"一网三系统"的基础上，突出抓好服务管理和服务质量提升。加大对服务站网络设施建设力度，每年将30万元的网络租用费纳入县级财政预算。通过传帮带、跟班轮训和选派县乡管理员进村"蹲点"指导等方式，加大对村干部的业务培训，确保村干部系统人人会用、业务人人能办。2013年，"网上党支部"党员激活人数12689人，公开承诺10000余人次12000条，党员发布互动交流信息12000条，各党支部上载支部概况800余条，党组织公开承诺800篇，通过党建手机报发送信息2047条，支部动态4310条，党建要闻6273条；经过整合"政务e网通"系统的业务流程覆盖农业、林业、国土、建设、劳保、教育、计生、民政、党务、信访等12个部门38项服务业务，涵盖了所有涉农部门的绝大多数审批办理事项；通过基层社会管理综合信息系统接收处理报送信息7876条。

四是狠抓日常管理。针对村级党组织卫生存在脏乱差、办公设备摆放不整齐、人气不够旺、服务群众不到位等实际问题，突破常规，提出了新的管理要求和标准。在贯彻执行《村级组织活动场所管理使用办法》的基础上，对村级活动场所管理使用提出了"地要干净、物要整洁、人要精神、服务要周到"的"四要"要求。要求各乡镇结合实际制定了《村级活动场所卫生管理制度》、《村干部值班制度》等制度办法，以新思路、新办法，解决存在的实际问题。建立了分组随机检查制度，采取随机检查的方式，开展随机督查，对管理不到位、值班不到位、服务不到位和存在脏、乱、差的乡镇和村委会进行通报，限期整改，共对86个村委会进行了随机检查，通报4个乡镇8个村委会。通过狠抓村级活动场所日常管理，村级活动场所管理日益规范，脏、乱、差现象明显改善。积极配合开展社区网络化建设管理，打造居民小区（楼宇）党建示范点3个。不断强化机关事业单位、国有企业及非公企业党建规范化建设。设立了党员先锋岗、党员服务岗等，在全县开展"五好"党组织创建工作。围绕《文山州基层党组织建设工作规划（2013—2015年）》，不断深化六个领域的党建工作。

五是综合能力不断提升。在稳步实施既定培训计划的同时，采取走出去、请进来的方式，积极选派村干部参加县级培训15名，开展全县村（社区）干部轮训2期1500余人次，举办全县村（社区）干部计算机应用专项培训班2期145人。选派参加全州村（社区）党组织书记履职培训36名，选派参加全州非公有制经济组织与社会组织党组织书记业务提升培训10名，开展轮岗跟班学习10余人次。

六是激励措施不断完善。根据州委办公室、州人民政府办公室《关于开展全州村级党组织和第五届村民委员会换届选举及建立村务监督委员会工作的实施意见》（文办发〔2013〕12号）文件精神，下发了《关于调整富宁县村组干部岗位补贴标准和实行年终考核奖惩的通知》（富组发〔2013〕113号）文件，不断提高了村干部职务岗位补贴标准。村（居）党组织书记兼村（居）委会主任，边境一线村1200元/月，其他村1100元/月；村（居）党组织书记、主任，边境一线村1150元/月，其他村1050元/月；村（居）党组织副书记、副主任、文书，边境一线村1100元/月，其他村1000元/月；武装干事1100元/

月；村（居）党组织委员、村（居）委会委员，边境一线村80元/月，其他村70元/月；村（居）党支部书记兼村（居）小组长，边境一线村小组80元/月，其他村小组70元/月；村（居）党支部书记、小组长，边境一线村小组70元/月，其他村小组60元/月；村（居）小组副组长兼会计，边境一线村小组60元/月，其他村小组50元/月；村（居）小组副组长、会计，边境一线村小组50元/月，其他村小组40元/月；社区党委书记、社区居委会主任1640元/月；社区党委副书记、居委会副主任1610元/月；社区居委会委员1600元/月；村"两委"每年每村工作经费由原来的2万元提高到3万元，社区工作经费由原来的5万元提高到6万元；按照《富宁县村（社区）"两委"干部离任补助暂行办法》对落选离任的80位村"两委"干部落实兑现了一次性离任补助27.820万元。同时，制定出台了《富宁县村（社区）干部管理办法（试行）》，对村（社区）干部实行年终考核奖惩，由县财政安排每人每年1200元作为年终考核奖惩资金，直接划拨到乡镇，由乡镇党委政府根据各乡镇实际制定办法进行考核，兑现奖惩，提升了干部服务群众的积极性和主动性，激发了村干部干事创业热情。

三　全力做好干部人才教育培训工作

把全年人才工作任务分解到各相关单位抓好贯彻落实，推荐黄伟云、农凤妹2名宣传文化人才参加省委联系专家评选。充分发挥桥梁纽带作用，做好专家服务团和在富宁挂职干部的服务工作。依托"沪富帮扶"及"省院省校"合作项目的实施，分期分批选送了21名优秀年轻干部、妇女干部、少数民族干部和党外干部到省外、省内和州级有关部门挂职锻炼或跟班学习。采取"半月一督查，每月一通报"的管理机制加强对各远程教育终端接收站点必修课学习的督查通报，督查通报结果纳入年终评先评优依据。全县71个电信模式远程教育终端站点必修课总学时达7266小时55分，平均学时8小时31分，学习次数13221次。根据省委、州委组织部的要求，适时维护、更新云南网络党建网站（富宁页面）相关信息，累计发布信息13743条。加大干部教育培训力度，全年共选派干部参加上级调训33期152人。开展学习党的十八大精神宣讲，送课下乡13期，培训干部群众900人次。开展对常务书记、大学生村官、文体骨干等各类培训12期2000余人次。

四 深化拓展"四群"教育工作

通过开展慰问扶困、宣传政策、优化联挂、深入调研、建立制度等措施，深入推进"四群"教育工作。

一是开展走访慰问。全县各级各部门党员领导干部结合开展"四群"教育工作，走进社区、深入村寨开展走访慰问活动，共走访慰问了离退休老干部、老党员、困难群众等共计1290户，发放慰问金53.7万元、慰问品1612件（个）。

二是深入宣讲政策。深入学习宣传贯彻党的十八大精神活动，全年州县处级领导干部共开展宣讲活动170余场次，涉及150个绝对贫困村，收集民情民意、意见建议300余条。全县各级各部门开展各种学习教育活动510余场次，3780余名党员干部参与学习教育。

三是突出为民办事。根据人事调整，适时充实调整全县"四群"教育联系户，调整民情责任区，确保联系人员不间断、工作不停顿。全县共有4629名领导干部进村入户开展民情调研，累计住村8960余天，召开民情恳谈会4757次，建立民情登记卡1.15万余套，收集整理群众反映的困难和问题7582个，帮助群众制定发展规划（计划）2953个，调处各类矛盾纠纷2765件，协调解决资金（物资）8436.7万元。

四是狠抓作风转变。"中八条"出台后，在全县范围内召开了以"认真贯彻落实十八届中央政治局关于改进作风密切联系群众八项规定、省级领导改进工作作风密切联系群众十项规定、省委常委党内政治生活八条规定和州级领导改进工作作风密切联系群众二十项具体规定，进一步转作风、抓落实，促进富宁经济社会科学发展和谐发展跨越发展"为主题的专题民主生活会，县委结合实际研究制定出台了六项规定，转变领导干部作风，进一步密切了与群众的联系。

五是抓好制度建设。围绕学习型、创新型、团结型、服务型、效能型、清廉型、选人用人好"六型一好"目标，通过规范制度设置模式，推进制度集成创新，探索制定了"1+7"制度体系、8类工作制度、41项配套制度、48项子制度，其中新建27项、完善44项、沿用15项，县级5个延伸点工作全部完成，县委领导班子内部制度汇编于2014年3

月28日印发试行，各乡镇、各部门领导班子内部制度建设顺利推进。

六是强化随机调研。为掌握实情、突出整改、推动工作、密切联系群众，县委研究制定了"调研考核五要五不准"，建立了"现场点评"、"适时通报"和"结果应用"随机调研机制，确保随机调研工作常态化开展。围绕"四群"教育工作中的重点、难点、热点问题，以及村"两委"换届选举、常务书记、新农村指导员选派等工作扎实开展好随机调研。县委组织部、县委"四群"办率先垂范，先后派出了13个随机调研组，对13个乡（镇）、81个村委会（社区）、131个村（居）民小组进行调研，走访党员干部群众379名、新农村建设指导员95名、大学生村官26名。全年处级领导开展随机调研160人次，到农村、社区、企业、学校等开展蹲点调研106人次，围绕中心工作和突出问题开展专题调研40人次。

五 "十三五"深化干部队伍建设改革的思考

"十三五"是实现全面建设小康社会奋斗目标的关键时期，是深入贯彻落实科学发展观、构建社会主义和谐社会的重要时期，也是深化重要领域和关键环节改革的攻坚时期，进一步加强和提高基层党组织的领导水平和执政水平，对于积极适应发展形势的新变化、妥善应对经济社会发展的新挑战，具有重大意义。搞好党的建设，加强和改善党的领导，提高党组织的领导执政水平，是改革开放顺利进行、经济建设快速发展、社会政治保持稳定的根本保证。现就富宁县"十三五"如何提高基层党组织的领导执政水平作简要思考。

（一）全县基层党组织基本情况

截至目前，全县有党组织1856个，其中基层党（工）委26个，村（社区）党委7个、村党总支138个、村组党支部1244个，机关事业单位党总支45个、党支部351个，非公经济组织党总支2个、党支部43个；党员14599名。其中预备党员710名，占党员总数的4.86%。女党员2660名，占党员总数的18.22%。少数民族党员10261名，占党员总数的70.29%。35岁及以下的党员4229名，占党员总数的28.97%。大专以上学历的党员3674名，占党员总数的25.17%。新中国成立前入党没有工作的老党员1名，占党员总数的0.01%。外出流动党员

374名。

(二) 面临的政策机遇

党的十八大、十八届三中全会以及各级组织工作会议提出加强基层服务型党组织建设,要把基层组织的工作重心转到服务发展、服务民生、服务改革、服务群众、服务党员上来,使服务成为基层党组织的鲜明主题。省委组织部要求扎实推广"8433"升级版孟连经验。州委围绕"8433"提出深化边疆党建加强基层服务型党组织建设的意见。近期,中央还要求各级党组织要在第二批教育实践活动中认真贯彻落实习近平总书记的重要批示精神,切实加强基层服务型党组织建设,着力解决联系服务群众"最后一公里"问题。对基层服务型党组织创建工作提出了具体的措施和总体思路,为县基层党组织建设实现项目化、集成化和网络化提供了制度保障和难得的机遇,进一步明确了基层党组织的领导执政地位。

(三) 目前存在的困难和问题

一是思想认识不到位。个别党组织对党建工作重视不够,有"重经济、轻党建"的倾向,对党的十八大、十八届三中全会及习近平总书记系列重要讲话精神领会不深入,积极主动服务经济社会发展大局的意识不强,缺乏创新工作方式和拓展服务范围的意识,基层堡垒作用发挥不明显。

二是村级活动场所规范化建设有待完善。虽然投入了大量财力物力加强基层活动场所的软硬件建设,大部分村仍达不到省州的标准要求,改造升级难度大,加之无专项经费。在管理和使用方面进行了强化和规范,但仍存在规范使用率不高、值班不到位、"脏、乱、差"现象未根治、作用发挥不明显、服务群众不到位等问题。部分边远村委会网络不通,距乡镇远,为民综合服务平台建设难度大。村集体经济均为空壳,村级组织无钱办事,领导群众改革发展致富的能力和意识不强,执政水平不高,党组织战斗堡垒作用得不到充分发挥。

三是各领域党建工作推进不均衡。农村党建点多面广,任务繁重,村(居)民小组党支部、非公有制经济组织和社会组织党建工作十分薄弱,党组织在薄弱领域的领导执政作用不明显。

四是干部监督的任务和难度加大。随着经济社会的发展和改革开放的不断深入，党员干部经受着各种观念的冲击，面临的环境日趋复杂，认识不到位，干部监督工作面临着更大困难，对领导干部的日常监督管理方式方法有待进一步探索创新。后备干部队伍储备力量还不够充足。

五是落实服务保障经费压力大。村（社区）工作经费、干部待遇的不断提高以及村（居）民小组党支部、小组工作经费支出大，县级财政压力大。

六是基层党务队伍业务能力和服务水平有待提升。

(四) 解决问题的建议与对策

一是落实党建责任。始终坚持"党要管党"原则，牢固树立"围绕发展抓党建，抓好党建促发展"的工作理念，充分认识抓好基层党建工作的重要性和紧迫性，认真履行抓党建、谋全局、管大事的职责。明确各级党组织负责人为基层党建第一责任人，坚持把党建工作和经济工作、项目建设、产业发展等重点工作一同安排部署、一同检查督促、一同考核奖惩，始终坚持把党建与经济社会发展相结合，做到"两不误、双促进"。完善年度党建目标管理责任制，严格执行县、乡、村三级"联述联评联考"办法，构建"述职、考核、评议、问责"四位一体的党建工作责任体系。

二是筑牢基层堡垒。认真贯彻落实省州基层党组织建设工作规划，结合本县实际，制定《富宁县贯彻省州基层党组织建设工作三年规划（2013—2015年）任务分解》，全面加强农村、社区、机关、事业单位、国有企业、非公经济组织和社会组织六个领域党的基层组织"五大工程"建设。第一，突出建、管、用，筑牢村级阵地。积极整合新农村建设、美丽乡村建设等资金，全面加强村级活动阵地的新建、重建以及升级改造，并向有条件的村组延伸。及时为全县145个村（社区）更新、补充办公设备，努力改善村党组织办公条件。认真贯彻执行全州《村级组织活动场所管理使用办法》，切实按照"地要干净、物要整洁、人要精神、服务要周到"的"四要"要求，扭转脏、乱、差和"锁长当家"的不良现象，进一步提升村级阵地的精神风貌，提振干部精神状态，提高党在基层的领导执政能力和水平，有效维护党在基层的形象，充分发挥基层堡垒作用，逐步实现村级活动场所规范化建设要求。第二，抓好分类定级促提升。深化基层党组织分类定级，强化常务书记选派，建立突出问题整改"销号台账",做到一支部一整改方案,确保全面实现晋位升级。第三,合理设置党组织。按照"消除空白点",扩大覆盖面的要求,不断探索切合实际的党组织组建新模式,依托蔬菜、油茶、甘蔗等特色农业,通过"支部+协会"、"示范+帮带"模式将党建与农业产业融合起来,在产业协会、不同产业链中建立党支部,充分发挥党组织在经济发展中的作用。制定措施,巩固全县规模以上企业、规模以下非公有制企业和社会组织组建党组织"三个百分百"的目标。第四,认真开展社区网格化建设,积极打造居民小区(楼宇)党建。同时,不断强化机关事业单位及国有企业党建规范化建设,设立党员先锋岗、党员服务岗等,开展"立德树人"师德师风等服务型党组织创建活动,积极探索各个领域党建工作的服务内容和载体,建立务实管用的创先争优长效机制,开展"五好"党组织创建工作。

三是加强队伍建设。第一,继续实施和深化领导班子、领导干部综合分析研判制度。在组织推荐、干部推荐、个人自荐的基础上,深入贯彻执行《富宁县领导班子和领导干部综合分析研判制度》,为选好配强领导班子成员,推进县委政府各项重点工作提供强有力的人才支撑。目前,已先后深入10多个单位开展分析研判工作,取得了较好成效。并进一步健全和完善这一制度,提高选人用人的科学化水平。第二,强化县乡人大、政府和县政协、人民团体以及村"两委"换届选举工作。以各级各套班子换届选举为契机,选好配强全县各级领导干部。第三,加大科级领导班子和干部队伍建设。严格执行《党政领导干部选拔任用工作条例》、《文山州乡科级领导干部选拔任用工作暂行办法》等干部政策法规。在科级班子配备和干部选拔任用工作中,坚持标准,严格程序,科学安排,注重选拔年轻干部、少数民族干部、女干部和党外干部,强化乡镇党政一把手的选配。第四,加强培训教育。采取走出去与请进来、集中与分级相结合的方式,努力拓宽培训教育路子,增强党报党刊、远程教育的学用成效,加大对在职领导干部、后备干部、新晋公务员、事业人员及村干部的培训教育工作,不断加强学习型党组织建设,进一步提高党员干部的思想认识,努力提升全县党员干部群众服务经济社会发展大局以及贯彻执行政策的水平和能力。采取"半月一督查,每月一通报"的管理机制加强对各远程教育终端接收站点必修课以及党的政策学习进行督查通报,并作为基层党组织年终评先评优依据。第五,强化对干部的监督和管理。抓好全县科级领导班子和领导干部的绩效考核、机关和参公单位年度考核和县委"一报告两评议"工作。严格执行中央"5个严禁、17个不准、5个一律"和省委"10个严禁、五不准",结合换届工作,县委提出了严肃换届纪律工作领导干部"五带头"、全体干部"十承诺",为换届选举营造风清气正的环境。深入贯彻领导干部任前公示、谈话制度。落实干部选拔任用工作全程纪实制度和试用期制度。认真开展科级后备干部民主推荐工作,目前,确定科级后备干部人选200名。畅通群众来访、"12380"专用举报电话、网络举报信箱等群众监督渠道,联合纪检监察等部门,认真调查核实上级立项督查或群众来信来访举报的案件。第六,创新机制规范选人用人程序。充分利用制度具有长期性、稳定性、约束性的特点,规范选人用人程序,以纪律锻造风气。不断健全和完善相关办法、细则、意见等。如:《富宁县乡科级领导干部推荐考察工作责任制实施细则(试行)》、《富宁县提名推荐科级领导干部实施办法(暂行)》、《中共富宁县委组织部县管干部选拔任用部内自查办法(试行)》、《富宁县机关事业单位工作人员调(流)动管理暂行办法》、《富宁县关于进一步加强县级机关事业单位中层干部交流(轮岗)的实施意见》、《富宁县科级非领导职务干部管理暂行办法》、《富宁县公开选拔优秀村(社区)干部担任乡镇党政领导职务实施办法(暂行)》、《富宁县关于进一步加大从基层和生产一线培养锻炼干部的实施意见》、《富宁县选派优秀年轻干部挂职锻炼暂行办法》等。进一步规范全县各层级干部的培养选拔,把领导和执政水平高的人才挖掘出来合理用好,为提高基层党组织领导执政水平提供强有力的智力保障。第七,不断完善常务书记、大学生村官、新农村指导员的日常管理,使其充分发挥引领带头作用。

四是抓实服务载体。第一,坚持并始终长期将党建工作重心转移到"五个服务"上来,转变服务群众方式。进一步提升"农事e网通"的服务层次、服务质量和管理水平,通过网络手段服务群众。第二,因地制宜开展致富型联合体和合作股份工作,不断提升基层党组织带动群众致富能力。第三,严把程序抓好红色信贷工作,帮助党员群众创业致富。第四,精心谋划"双推进"试点工作,努力探索党建工作与扶贫工作双促进的经验。第五，努力推动"警地共建"工作，筑牢边境防线。第六，强化软弱涣散党组织整顿，明确常委领导挂钩典型后进村，扎实抓好晋位升级。第七，认真开展机关在职党员进社区服务，深化干部直接联系服务群众工作、推动社区服务型党组织建设。

五是强化服务保障。按照中央和省州关于进一步深化边疆党建创建服务型党组织的相关要求，解决了乡镇党建工作经费450万元，增加了村（社区）工作经费145万元；上半年投入46.6万元开展村（居）民小组党支部、村（居）民小组工作经费试点，下半年在全县铺开，每年将增加支出380余万元；在上年增加村（社区）、村组干部待遇300余万元的基础上，将于2015年底前再次增加400余万元，使村干部待遇不低于1500元，社区干部待遇不低于1900元。"十三五"期间要进一步强化服务保障经费的落实，并建立增长长效机制。

六是抓好实践活动。按照"照镜子、正衣冠、洗洗澡、治治病"的总要求，严格"三严三实"标准，扎实开展以为民务实清廉为主要内容的党的群众路线教育实践活动，认真贯彻落实中央八项规定，狠抓"四风"问题。并通过结对帮扶、转变作风、随机调研、建章立制、强化软弱涣散党组织整顿等措施，切实践行好群众路线，深入推进服务型党组织建设，增强基层党组织执政领导服务的意识。

七是强化随机督查。坚持以问题为导向，把随机调研督查融入党建日常工作，作为推进全县各项基层党建工作落实、提高基层党组织领导执政水平的重要抓手，加强业务指导和督查，全面深化全县基层党建工作，提高党建水平。

简而言之，抓基层党建，当从人才、责任、制度三个重点突破，以点带面，才能全面加强。抓人才筑基础。党的十八大报告指出："加强基层党组织带头人队伍建设"，带头人选得优、配得强，党组织的战斗堡垒作用发挥得就好；带头人方向对、走得实，群众就能见实效、得实惠。因此要把基层党组织带头人队伍建设作为首要任务，真正把政治素质强、服务水平高、善于做群众工作的党员充实到基层领导岗位上来。明责任抓关键。人无压力轻飘飘，官无责任事难成。基层党建干部只有清楚抓好基层党建的极端重要性，明确自己肩负责任的光荣性和重大性，牢固树立"围绕中心抓党建，抓好党建促发展"的思想，才能真正把从严治党的责任放在心上、抓在手上、扛在肩上，落实到行动上。建制度强保障。有尺度方知长短，无规矩不成方圆。好制度是好党建的前提。要根据形势的变化、实际工作的需要，不断编密编好制度的笼子，做到人人依法，诸事依规，以良法善治为保障，不愁基层党建不强。

第四节 积极推进人民民主，完善基层民主

一 加强和改进人大和政协工作

（一）坚持党的领导，保证人大工作正确的政治方向

坚持党的领导，自觉接受党的领导，是做好人大工作的基本前提和根本保证。必须始终不渝地坚持党委领导，从制度上、法律上保证党在基层政权组织中的领导核心作用。第一要紧紧围绕党委的中心工作来开展人大工作，按照党委的部署和阶段性重点工作，通过开展切实有效的工作，保障和促进党委提出的各项工作目标实现；第二要经过一定程序将党委的意图转变为国家和人民意志，通过正确有效地行使重大事项决定权、监督权和国家工作人员任免权，使党委的主张和决策在人大及其常委会通过的各项决议、决定和开展的各项活动中得到充分的体现，并保障和促使其得到切实有效的落实；第三要及时向党委报告和沟通联系，凡属人大工作的重大事项，如作出的重要决议、决定，重要视察、年度工作等，都要及时向同级党委报告，使党委及时了解人大工作，自觉接受党委的领导，取得支持，保证人大工作健康顺利有效地向前推进。

（二）充分发挥人大及其常委会的职能作用，把人民当家做主的权利落实好

县人大及其常委会必须结合本地具体实际，采取切实有效的措施，保障宪法、法律的认真实施，坚决纠正有法不依、执法不严，违法不究和以权压法等现象，保证依法行政、司法公正。一是要勇于创新。人大工作法律性强、程序性强，但创新的空间仍然非常宽广，通过观念创新、工作创新、制度创新和理论创新，不断促进人大工作。根据发展变

化的新形势，不断调整和完善工作制度，建立适合国家权力机关特点的充满活力的组织运行机制，促进各项工作向规范化、制度化和法制化方向发展。二是要大胆监督。要充分行使宪法和法律赋予的权力，理直气壮地监督，在敢于监督上下功夫。在日常监督中，要适应社会主义市场经济发展的客观要求，围绕党委工作中心开展，注重关系稳定、社会发展等问题，要切实提高常委会的审议效果。

(三) 坚持走群众路线，做好乡镇人大工作

做好乡镇人大工作是基层民主政治建设的需要。随着我国民主制度的不断发展和人民代表大会制度的不断完善，乡镇人大工作越来越发挥着重要的基础性作用。它是健全民主制度，丰富民主形式，扩大公民有序的政治参与，保证人民依法行使民主选举、民主决策、民主管理和民主监督的重要环节。从政治地位看，乡镇人民代表大会是实现人民当家做主权利的基本组织形式，处于基层政权中人民当家做主的中心地位。只有把乡镇人大建设好，才能确保基层群众反映自己的意愿和要求，充分行使管理国家事务和社会事务的权力，真正做到自己管理自己，实现当家做主，人民代表大会制度才会有坚实的基础，农村基层民主政治建设才能得到根本的保证。

(四) 加强"三化"建设，积极推进协商民主

认真贯彻落实党的十八届三中全会精神，坚持完善中国共产党领导的多党合作和政治协商制度，充分发挥人民政协作为协商民主重要渠道作用，推进协商民主广泛、多层、制度化发展。把政治协商纳入决策程序，坚持协商于决策之前，增强民主协商实效性，不断推进决策科学化、民主化。建立健全协商资政制度，争取尽快制定出台对口协商、界别协商、提案办理协商、专题协商四个方面的制度，努力在"协商资政"上迈出新步伐。创新协商形式，进一步规范协商议题的确定机制、协商程序的操作机制、协商成果的反馈机制，着重做好协商之前各个环节的基础工作，丰富协商的内容，增加协商的密度，对事关县经济社会发展的重大问题和群众切身利益的实际问题广泛协商，通过多种履职活动形式，为协商民主提供更多的载体和平台。组织开展各种视察、评议等活动，广纳群言、广集民智，不断推动社会主义民主政治建设。

(五) 加强政协协调联系职能，促进社会和谐发展

坚持发扬民主、增进团结、协调关系、化解矛盾的优良传统，努力

为各人民团体、社会各族各界人士搭建参政议政的平台，积极开展联合调研，鼓励和支持各人民团体、社会各族各界人士参与重大方针政策的协商讨论。坚持和完善各项行之有效的联系沟通制度，以专委活动、小组活动、座谈会、茶话会等各种联谊活动为载体，进一步加强同社会各族各界人士的联系，把各方面的智慧和力量凝聚到促进富宁发展上来；通过联结乡情、友情、亲情，加强与富宁籍在外创业人士的联系，广泛汇聚县经济社会发展的正能量。加强与省、州沟通对接，争取在重大项目建设方面开展联合调研视察，提升县级政协工作水平和影响力。带着问题和任务，加强与省内外发达地区县（市、区）政协工作交流，借鉴先进地区经验，广泛宣传富宁，扩大富宁县的知名度。继续做好"三亲"史料及《对越自卫还击暨防御作战》的征编工作，积极挖掘、抢救、保护地方文化资料，认真做好《富宁县文史资料选编》第三辑的后续编撰工作。积极组织委员活动，支持政协委员小组、界别及参加单位开展各类活动，充分利用优势积极发挥作用。

二 巩固基层民主政治建设

（一）充分发挥好人大代表的主体作用

人大代表是国家权力机关的主体，是人民选出来代表自己利益行使管理国家权力的群体，是实现民主最主要的途径，是党和国家政权机关联系人民群众的桥梁和纽带。因此，要进一步强化代表工作，扩大代表对人大常委会和"一府两院"工作的知情权和参与度，适时组织代表听取和视察国民经济和社会发展情况的重大事项，旁听常委会会议，疏通代表参政议政渠道，建立代表直通车，及时听取和了解代表意见。同时还要加强对代表的教育、培训工作，增强其工作责任心，提高素质，增强代表履行职务的自豪感。

（二）要扩大公民有序的政治参与

拓展政治参与的民主空间，要深入开展全民普法教育活动，不断增强公民尤其是各级领导干部的民主法制意识；要引导公民进行有序的政治参与，知法守法，善于通过法制渠道表达自己的利益诉求，运用法律手段维护自己的合法权益；要多听取群众的意见和要求，尊重和采纳民众正确的意愿。近几年来，县人大常委会采取邀请人大代表和乡镇人大主席团主席列席人大常委会会议等形式，进一步拓宽了民主渠道。

(三) 要积极推进基层民主法制建设

乡镇人大在推进基层民主法制建设方面肩负着重要责任，必须要进一步解放思想，不断拓宽工作领域，探索工作途径。要认真履行法律规定的各项职权，加大对法律、法规贯彻实施情况的检查力度，保障法律法规在本行政区域贯彻实施；要加强法制宣传教育，促进农村干部群众学法、知法、用法、守法，提高广大人民群众的法治观念和法律知识水平；要推动基层民主的制度化和规范化建设，教育、引导农民群众民主管理村级事务，依法保障农民群众合法权益；要认真组织代表开展视察、专题调研和执法检查活动，加强对地方国家机关依法行政、依法办事的监督；要围绕构建和谐社会的目标，监督政府和有关部门认真落实社会治安综合治理的各项措施，积极化解农村各类矛盾，维护人民群众合法权益和社会稳定。

第五节　维护法律尊严，全面推进依法治县

2015 年是实施"六五"普法规划的关键年，全面深入贯彻落实依法治国、依法治县基本方略，认真贯彻落实党的十八大、十八届三中四中全会精神，不断深化法治县创建工作，着力推进法治政府建设，完善民主法制，维护公平正义，健全法制监督，努力提高政府执政水平，彰显司法公正，维护社会稳定和谐。

富宁县到 2020 年依法治县总目标：依法治国方略在全县全面落实，法治权威有效树立，法治精神深入人心，公共权力依法规范公开运行，依法执政、带头守法、执法成为各级党委和党员干部的自觉行动；县、乡（镇）人民代表大会依法行使国家权力，人民民主不断扩大；县、乡（镇）政府依法行政，法治政府基本建成，政府公信力和执行力显著提高；司法机关依法独立公正行使职权，司法公信力和监督力有效提升；公民法律素质普遍提高，学法、尊法、守法、用法意识增强，依法享有权利和履行义务；法治创建全面推进，各行各业依法治理成效明显，各项事业纳入法治化轨道，基本形成尚法守制、公平正义、诚信文明、安定有序的法治富宁新格局。

一 依法治县的基本保障

依法治县是一项复杂的社会系统工程，必须坚持协调统筹、深入持久、重在实践的方针，立足当前，着眼长远，全面推进。

（一）完善领导机制

按照省委、州委要求，县上成立了由县委书记任组长的依法治县领导小组，负责组织推进和指导法治富宁建设的各项工作，研究解决重大问题。各牵头单位成立专项工作推进组，做好牵头组织、实施、推动和督导工作。建立由县委常委会、县政府常务会听取汇报和专题研究机制，定期或不定期地听取"六五"普法、法治县建设工作情况汇报。

（二）全面推进依法治县，必须坚持党的领导

要坚持依法执政，各级领导干部特别是主要领导干部要带头崇尚法律、学习法律、遵守法律，带头依法办事；要健全完善党委依法决策机制，推进民主集中制规范化、程序化；要充分发挥党总揽全局、协调各方的领导核心作用，支持人大、政府、政协、司法机关、人民团体依法依章程履行职责、开展工作，充分激发广大干部群众的积极性、主动性、创造性，形成全社会广泛参与、共同推进依法治县的强大合力。

（三）完善监督机制

进一步发挥各级人大法律监督和政协民主监督的职能，定期组织人大代表、政协委员对依法治县工作进行监督检查。加强人民群众监督、新闻监督等社会监督，尤其要重视和加强互联网群众监督平台的建设与利用，不断拓宽人民群众的监督渠道，实现监督深度、广度的双提升。

（四）完善考核机制

要探索建立科学、严谨的法治评价指标体系，使之成为综合评价指标体系的重要组成部分。要充分利用好考核的结果，把考核情况作为各级领导班子和领导干部考核和年度述职述廉报告的重要内容，确保依法治县工作落到实处。

（五）完善保障机制

县依法治县办要建立健全工作机制，根据工作情况，抽调专职人员。将办公经费纳入县财政预算，确保依法治县各项工作顺利推进。各乡镇（街道）、县级各部门成立相应领导小组、办事机构，确定专兼职

人员，制定本乡镇（街道）、本部门法治建设实施意见和年度计划，扎实推进基层法治创建活动。

（六）建立健全领导干部带头学法制度

建立县委常委会议、县政府常务会议、县级部门（乡镇）办公会议定期会前学法和领导干部年终述法制度，县委中心组每年至少进行1次法治专题学习。建立领导干部任前法律知识水平考试、任期依法行政情况考查和公职人员学法用法考核制度。

（七）加强公职人员法治能力培训

建立行政执法、司法和普通公职人员常态化培训机制，分层分级分类集中轮训，提高用法治思维和法治方式解决问题的能力。

二 加快职能转变

当前和今后一个时期，富宁推进依法治县总体目标就是要全面落实依法治国基本方略，坚持依法治县、依法执政、依法行政共同推进，坚持法治城市、法治政府、法治社会一体建设，坚持用法治思维和法治方式深化改革、推动发展、化解矛盾、维护稳定，全面推进严格执法、公正司法、全民守法，努力建设法治富宁，为建设宜居、生态、畅通、平安、幸福的美丽富宁创造良好法治环境、提供有力法治保障。到2020年，依法治国基本方略全面落实，法治精神深入人心，公共权力依法规范公开运行，公民依法享有权利和履行义务，全县各项事业全面纳入法治化轨道，基本形成尚法守制、公平正义、诚信文明、安定有序的依法治县新格局。

（一）立足依法行政，加快法治政府建设

依法行政是依法治县的关键环节。全面推进依法行政，要准确界定政府责任，严格依法履行行政职权，切实做到合法行政、合理行政、高效便民、权责统一、政务公开。要进一步转变政府职能。按照职权法定、简政放权的要求，科学界定宏观调控、公共服务、市场监管、社会管理、环境保护等职责，加快行政审批制度改革，推进政府职能向创造良好发展环境、提供优质公共服务转变。要进一步提升依法决策能力。把合法作为行政决策的第一要件，进一步健全依法决策机制，把公众参与、民主协商、风险评估、合法性审查、集体讨论等作为重大决策的必经程序,全面建立法律顾问制度,建立行政决策监督和责任追究制,将决策过程置于法治框架内。要进一步提高行政执法水平。完善行政执法程序,确保行政执法不缺位、不越位、不错位。特别是对安全生产、消防安全、食品药品安全、社会治安等重点领域要加大执法力度,坚决做到有法必依、执法必严,切实保护广大群众的生命和财产安全。

(二) 建立健全行政权力清单制度

坚持法无授权不可为,推进机构、职能、权限、程序、责任法定化,建立健全行政权力清单制度,坚决消除权力设租寻租空间。精简行政审批事项,统一公布省、州、县三级行政审批项目清单并实行动态调整,清理取消非行政许可审批事项。围绕行政审批制度改革和法律、法规、规章的立、改、废,清理优化行政权力事项,动态调整行政权力清单,实现"行政权力进清单、清单之外无权力"。

(三) 探索推行政府责任清单制度

坚持法定职责必须为,按照国务院的统一部署,探索建立政府责任清单制度,明确部门职责边界,坚决纠正不作为、乱作为,坚决克服懒政、怠政,坚决惩处失职、渎职。

(四) 推行市场准入负面清单制度

严格执行国家公布的负面清单,放宽市场准入,凡是市场主体基于自愿的投资经营和民商事行为,只要不属于法律法规禁止进入的领域,不损害第三方利益、社会公共利益和国家安全,政府不得限制进入。

(五) 规范前置审批事项和中介服务事项

落实"五个一律":对属于企业经营自主权的事项,一律不再作为前置条件;对法律法规未明确规定为前置条件的,一律不再进行前置审批;对地方性法规有明确规定的前置条件,除确有必要保留的外,按立法程序提请人大及其常委会修改法规后一律取消;审批机关能通过征求部门意见解决的,一律不再进行前置审批;除特殊需要并有法律法规依据外,一律不得设定强制性中介服务和指定中介机构。对确需保留的前置审批及中介服务,制定目录并向社会公布。企业需要中介服务的,由企业自主选择。

(六) 禁止变相设定或者实施行政审批

落实"五个严禁":严禁违法设定行政许可、增加行政许可条件和程序；严禁以备案、登记、注册、年检、监制、认定、认证、审定、指定、配号、换证等形式或者以非行政许可审批名义变相设定行政许可；严禁借实施行政审批变相收费或者违法设定收费项目；严禁将属于行政审批的事项转为中介服务事项，搞变相审批、有偿服务；严禁以加强事中事后监管为名，变相恢复、上收已取消和下放的行政审批项目。

（七）加强政务服务和公共资源交易体系建设

加强五级政务服务体系建设，除因涉密等特殊情况外，所有行政审批和公共服务事项均纳入政务服务平台受理办理，建立省、州、县三级联动服务机制，全面实现网上审批。依托现有政务服务平台，建立统一规范的政务服务和公共资源交易平台，将工程建设项目招投标、政府采购、土地使用权和矿业权出让、国有产权交易等公共资源交易事项纳入公共资源交易平台集中交易。依法公开部门权力清单和运行流程。推进财政预决算、"三公"经费、公共资源配置、重大项目建设等领域政务公开。

（八）规范行政执法行为

严格落实行政执法人员资格管理、职权公告和持证上岗制度。细化量化基层部门行政执法自由裁量权。完善行政执法争议协调机制。加强重点领域执法行为监督检查。

（九）规范行政复议工作

落实行政复议行政首长负责制，探索设立复议委员会，规范案件受理、审查、裁决和事后监管。

（十）依法化解社会矛盾纠纷，着力创新社会治理方式，开展专项治理行动

依法开展社会治安、电信金融诈骗、违法占地和违法建设、重点污染源、食品药品安全等五项专项整治活动。

（十一）加强城市社区管理

建立完善县、乡镇、社区、网格"四级"网格化管理服务体系，实现社区管理无缝覆盖。

（十二）依法治理信访秩序

集中开展信访突出问题调处行动，依法打击缠访闹访、非正常访、以访牟利等违法上访行为。建立网上受理信访平台。建立涉法涉诉信访

依法终结制度。

(十三) 依法治理网络环境

依法加强网络社会管理,积极稳妥地推进网络真实身份信息注册工作。加强网络舆情监测、分析、研判和处置。开展涉网违法犯罪"破案会战",确保网络安全。

(十四) 培育全社会法治自觉,积极推进法治示范创建

开展法治示范单位创建活动。启动法治示范乡镇、学法用法示范单位、依法行政示范单位、诚信守法企业、民主法治村(社区)创建活动,抓好试点示范工作。

(十五) 开展诚信富宁创建活动

以健全金融、纳税、合同履约、生效裁判执行、产品质量的信用记录为重点,推动建立社会信用体系。

三 推进制度建设

当前,云南省富宁县正处在改革发展和全面建成小康社会的重要阶段,必须全面推进依法治县,充分发挥法治的引领、规范和保障作用。

(一) 全面推进依法治县,必须坚持指导思想不动摇

要全面贯彻落实党的十八大和十八届三中四中全会精神,高举中国特色社会主义伟大旗帜,以马克思列宁主义、毛泽东思想、邓小平理论、"三个代表"重要思想、科学发展观为指导,深入贯彻习近平总书记系列重要讲话精神,坚持党的领导、人民当家做主、依法治国有机统一,坚定不移走中国特色社会主义法治道路,坚决维护宪法和法律权威,依法维护人民权益、维护公平正义、维护社会和谐稳定。

(二) 普遍建立法律顾问制度

健全完善县法律顾问团,县级部门、乡镇、企业和各类社会组织建立法律顾问制度,在作出重大决策和出台重要政策等方面发挥好法律顾问的作用。

(三) 深化行政审批制度改革

开展行政审批事项清理,定期公布取消调整的行政审批项目。抓好向扩权试点乡镇放权。推行并联审批、网上审批、代办服务,实现行政审批提速增效。

(四) 开展法制宣传，提高全民法治意识和法律素质

深入推进依法治县，需要全社会共同参与。只有通过有效的宣传引导，让广大干部群众真正学法懂法，法治社会才有扎实根基，法治建设才有坚实基础。要坚持领导干部学法制度。坚持领导干部学法制度，尤其要结合开展党的群众路线教育实践活动，不断增强广大党员干部的法治观念，提高运用法治思维、法治方式推动科学发展的能力。要推进全民普法教育。全面实施"六五"普法规划，深入开展"法律八进"活动，推进法治县、法治乡镇（街道）、民主法治村（社区）、学法用法示范机关（单位）等创建活动，进一步完善多元化社会治理结构。加强家庭、学校、社会"三位一体"的青少年法制教育网络建设，强化青少年、进城务工人员的普法宣传教育，筑牢学法遵法守法用法的思想基础。要加强法治文化建设。突出法治文化广场、法治文化长廊、法治文化街区、法治文化村等法治文化阵地建设，鼓励、支持法治文化作品的创作与推广，进一步深化法治建设实践，逐步建立与中国特色社会主义法律体系相协调，与富宁经济社会发展相适应，具有浓郁地方特色的法治文化体系。

(五) 全面推进依法治县，必须坚决维护宪法和法律权威

要维护宪法和法律权威，严格执行宪法法律实施和监督的制度和程序，自觉遵守和贯彻宪法和法律的原则、精神和规定，在宪法和法律的范围内活动；要加快建设职能科学、权责法定、执法严明、公开公正、廉洁高效、守法诚信的法治政府；要深化司法体制改革，规范司法行为，强化对司法活动的监督，提高司法公信力，努力让人民群众在每一个司法案件中感受到公平正义；要坚持用制度管权、管事、管人，全面加强监督，努力形成科学有效的权力运行和监督体系；要深入推进平安建设，充分运用法治思维和法治方式规范社会行为、调节利益关系、协调社会关系、解决社会问题、化解社会矛盾，促进社会和谐稳定；要大力弘扬社会主义法治精神，建设社会主义法治文化，增强全民学法遵法守法用法意识。

(六) 全面推进依法治县，必须培养一支高素质的法治工作队伍

要建立完善符合法治专门队伍职业特点的教育培训体系，推进法治专门队伍正规化、专业化、职业化；要严格执法司法队伍监督管理，切

实加强作风建设，坚决执行铁规禁令，依法依纪惩治执法司法腐败；要把拥护党的领导、拥护社会主义法治作为基本要求，加强法律服务队伍党的建设。

四 完善行政决策

深入推进依法行政，促进权力透明规范运行，提升政府公信力，就是要把合法作为行政决策的第一要件，健全依法决策机制，让各界对政府工作有充分的知情权、参与权和监督权，确保行政权力在阳光下运行。

(一) 严格执行重大决策程序规定等制度

把公众参与、专家论证、风险评估、合法性审查、集体讨论决定确定为重大行政决策法定必经程序，确保重大决策程序正当、过程公开、责任明确。加大对重大行政决策执行情况的跟踪、调查与反馈，并根据实际情况及时进行调整和完善，有效提高决策的科学性和民主性。积极推行政府法律顾问制度，充分发挥法律顾问在制定重大行政决策、推进依法行政中的积极作用。

(二) 严格执行重大决策终身责任追究制度

对决策严重失误或者依法应该及时作出决策但久拖不决造成重大损失、恶劣影响的，严格追究行政首长、负有责任的其他领导人员和相关责任人员的法律责任。

(三) 全面正确履行政府职能

坚持法定职责必须为、法无授权不可为，严格依照法定权限和程序行使权力。坚决杜绝不作为、乱作为，坚决克服懒政、怠政，坚决惩处失职、渎职。严格遵循行政法定原则，不得法外设定权力，没有法律法规依据不得作出减损公民、法人和其他组织合法权益或者增加其义务的决定。推行政府权力清单制度，依法公开各行政机关职能、管理依据和权力运行流程，坚决消除权力设租寻租空间。

(四) 坚持严格规范公正文明执法

坚持执法必严、违法必究，依法惩处各类违法行为，加大对关系群众切身利益的食品药品、城乡规划建设、城市综合管理、安全生产、环境污染、社会治安等重点领域执法力度。严格遵循行政执法程序，建立执法全过程记录制度，建立健全行政裁量权基准制度，重点规范行政许可、行政处罚、行政强制、行政征收、行政收费、行政检查等执法行为。严格执行重大执法决定法制审核制度。

（五）严格执行行政执法人员持证上岗和资格管理制度

未经执法资格考试合格，不得申办行政执法证件，不得从事行政执法活动。创新行政执法方式，推行说理式执法，加大行政指导、行政合同、行政奖励等激励性执法，严禁粗暴执法、野蛮执法。加强对行政执法的监督，全面落实行政执法责任制，严格执行过错责任追究制，坚决杜绝有法不依、执法不严、违法不究等行为，坚决克服选择性执法、执法缺位越位现象，坚决惩治徇私枉法。

（六）全面落实重大行政决策法定程序

明确重大行政决策的范围和标准，把部门论证、公众参与、民主协商、专家论证、专业机构测评、成本效益分析、风险评估、合法性审查和集体讨论决定作为重大行政决策必经程序。明确审查主体、审查范围、审查程序，行政决策事项未经合法性审查或者经审查不合法的，不得提交讨论。

（七）完善落实政府法律顾问制度

以政府法制机构为依托，建立以政府法制机构人员为主体，吸收专家和律师参加的法律顾问队伍。建立法律顾问的选拔聘用、工作管理、绩效考评、奖励追责制度，健全法律顾问列席政府有关会议、参与重大决策合法性审查、政府常务会议讲法工作机制，畅通政府法律顾问意见表达渠道，保证法律顾问在制定重大政策、推进依法行政中发挥积极作用。

（八）建立行政决策终身责任追究制度及责任倒查机制

由县政府制定《重大行政决策责任追究办法》，明确追责主体、追责范围、追责方式，对决策严重失误或依法应及时作出决策但久拖不决造成重大损失、恶劣影响的，实行终身责任追究，严格追究行政首长、负有责任的其他领导人员和相关责任人员的法律责任。加强行政决策案卷管理，实现决策过程全记录，发生决策失误的，按照"谁决策、谁负责"的原则，严格倒查决策责任。

五 规范行政执法

(一) 推行公正司法,维护社会公平正义

公平正义是社会和谐的基石,司法是维护社会公平正义的最后一道屏障。法律面前人人平等,任何组织和个人都不能有超越法律的特权,只要违反宪法和法律,都必须严格依法追究。要大力推进"独立司法"。建立健全科学合理、规范有序的司法权力运行机制,优化司法职权配置,有效解决影响司法公正的体制机制束缚,确保审判机关、检察机关、侦查机关依法独立公正行使审判权、检察权、侦查权。要大力推进"阳光司法"。坚持"以公开促公正,以公正立公信,以公信树权威",进一步推行审务、检务、警务公开制,完善司法听证、群众旁听、新闻发布等制度,实现司法公开化、透明化。要大力推进"为民司法"。坚决打好惩治违法犯罪"持久战",依法打击危害社会治安、损害民生利益等违法犯罪行为。要严格落实法律援助、帮助依法维权等制度,重点加大对困难群众维护合法权益的法律援助,为弱势群体撑起"保护伞"。

(二) 深入推进司法公开

坚持以公开促公正,进一步构建开放、动态、透明、便民的阳光司法机制。推进审判、检务、警务、所务公开,依法及时公开执法司法依据、程序、流程、结果和生效法律文书,凡法律法规规定应当公开的事项和程序必须公开,杜绝暗箱操作,让每一个当事人和其他诉讼参与人在每一起案件中都体会到看得见的公正。加强人民法院审判流程公开、裁判文书公开、执行信息公开三大平台建设;推进以办案流程信息查询、重大案件信息发布、终结性法律文书公开为主要内容的检务公开。认真落实听证、旁听庭审、公开审查、公开答复等执法司法公开举措。切实保障公众知情权,维护公民隐私权,保障个人信息安全。加强法律文书释法说理和公开答疑,让当事人赢得清楚、输得明白,努力实现案结事了。

(三) 有序扩大司法民主,保障人民群众参与司法

在司法调解、司法听证、涉诉信访等司法活动中保障人民群众参与。完善人民陪审员制度,提高人民陪审员在社会关注案件中的参审比

例,切实提升陪审质量和人民陪审制度公信度。改革人民监督员选任管理方式,重点监督检察机关查办职务犯罪的工作环节和作出的终结性处理决定。

(四) 维护社会公平正义,深入推进司法改革

全面推进审判流程公开、裁判文书公开、执行信息公开三大平台建设。建立法院院长、检察院检察长、公安局局长、司法局局长"四长"集中接待日制度。落实人民陪审员"倍增计划",提高人民陪审员参与案件审判、执行的比例。

(五) 依法规范司法行为,落实司法工作规则

完善司法廉洁风险防控机制,严厉查处违法违纪案件,确保司法公正廉洁。强化对看守所执法活动的经常性监督。建立司法公职人员法治档案。

(六) 清理处理司法积案

建立积案台账,逐案落实责任单位,限期办结。加大人民法院生效裁判的执行力度,建立联动执行机制,提高执行工作实效。

(七) 积极践行司法为民

加大对困难群众、特殊群体的法律援助和司法救助。建立完善实名举报答复和举报人、证人保护制度。

六 加强权力监督

全面推进依法治县,必须坚持用制度管权、管事、管人,把权力关进制度的笼子里。要全面加强党内监督、人大监督、民主监督、行政监督、司法监督、社会监督、舆论监督制度建设,努力形成科学有效的权力运行和监督体系,让权力在阳光下运行。

(一) 加强党内监督

认真贯彻党内监督条例,加强党员党性、党风和党纪教育,强化党内监督和党员自我约束。严格落实党风廉政建设主体责任和纪委监督责任,严格实行"一岗双责",严格执行"一案双查"。建立巡查工作机制,坚持常规巡查与专项巡查相结合,加强对乡镇、县级部门、县属国有企业巡查监督。

(二) 加强人大监督

坚持县人大常委会、"一府两院"向县人民代表大会定期报告工作

制度，完善对"一府两院"的监督机制和方式方法，综合运用听取和审议专项工作报告、开展专项执法检查、专题工作评议、专题询问和规范性文件备案审查等法定监督形式，监督政府依法行政和法院检察院公正司法。健全人大讨论、决定重大事项制度，加强对重大建设项目、重大改革事项、财政预决算等重大事项的监督。县、乡镇人大要认真贯彻监督法，探索创新人大监督工作的机制和方式方法。"一府两院"要认真办理人大代表的议案和建议，在法定时限内予以回复。

（三）加强民主监督

各级各部门要高度重视，善于通过政协了解社会各界的意愿和诉求，接受各界的监督。切实发挥政协提案、社情民意和专项调研在民主监督中的作用，对政协的提案要认真办理、及时答复。支持工商联、民革支部和无党派人士以民主协商会、谈心会、座谈会等方式，直接向县委、县政府及全县各级各部门提出意见建议。

（四）加强行政监督

上级行政机关要加强对下级行政机关具体行政行为的监督，及时纠正违法或者不当的行政行为。对行政权力集中和廉政风险高的重点领域、重点部门、重点岗位，实行分事行权、分岗设权、分级授权，定期轮岗，强化监督制约和责任追究。支持和保障审计、监察等部门依法独立行使监督权。

（五）加强司法监督

县检察院要依法行使法律监督权，加强对刑事诉讼、民事诉讼、行政诉讼和刑事执行、民事执行、行政执法活动的法律监督。强化对涉及公民人身财产权益的强制措施和侦查手段的司法监督。严格规范侦查、逮捕、起诉、审判和刑事、民事执行等环节的管理和监督。各级行政机关要依法出庭应诉涉诉行政案件，严格执行法院作出的生效裁判，认真听取并注重采纳法院的司法建议和检察院的检察建议。

（六）加强社会监督

建立健全人民群众和新闻媒体反映问题的处理机制，依法及时处理人民群众举报投诉、新闻媒体反映的问题，并及时反馈结果。依法管理和规范舆论监督，强化对舆论监督导向的引导，维护舆论监督正常秩序。完善群众举报投诉制度、举报人奖励制度，鼓励实名举报，畅通群众监督渠道，保障公民的检举权、控告权、申诉权。

(七) 加强对领导干部特别是主要领导干部的监督

落实党要管党、从严治党要求，严格执行述职述廉、谈话、诫勉、询问、质询等党内监督制度，认真开展日常监督、权力运行监督、问责监督和协同监督。严格执行党政机关领导班子主要负责人不直接分管干部人事、财务、公共资源交易管理等工作制度。

第六节 健全惩治和预防腐败体系，建设廉洁政治

富宁县始终把学习贯彻党的十八大、十八届三中全会和省委九届六次全会精神和中央、省、州关于密切联系群众、改进工作作风八项规定的相关要求作为推动科学发展的强大动力，党组织的凝聚力、号召力、战斗力不断增强。继续探索创新为民办事模式，进一步完善"农事 e 网通、政务 e 网通、督查督办"系统，服务质量和效率明显提升。扎实开展"四群"教育活动，突出特色、打造亮点，自活动开展以来，全县民情联系网覆盖到全县 2615 个村民小组，制作发放了"名片式 + 门牌式"联系卡 10313 套，基本实现了"村村有单位挂、组组有干部联"的目标。村组干部待遇逐步提高，有效激发了村干部干事创业的热情。不断完善网上党支部、"农事 e 网通"、"政务 e 网通"便民服务工作；制定完善了县委及各基层党委（党组）领导班子内部制度；加强惩治和预防腐败体系建设，广大党员干部廉洁自律意识、拒腐防变能力进一步增强。

一 "十二五"期间富宁在预防和惩治腐败方面的努力

(一) 强化监督执纪问责

配合县委抓主体责任落实，积极探索回归本位的方法和途径，认真落实纪委监督责任，监督党政"一把手"认真履行"一岗双责"，推动全县党风廉政建设责任制深入落实。转变监督方式，建立任务分解细化机制，研究制定"凡查必问"制度，对主责部门监管缺位、工作不实等问题进行纠偏、问责，推动党的路线、方针、政策执行。采取明察暗

访、巡回检查等方式,及时跟进,主动融入,跟踪监督县委、县政府重大决策部署落实。上半年,对9名工作不实和1名违反工作纪律的领导干部进行问责,在全县进行通报批评。

(二) 狠抓领导干部作风建设

紧密结合全县开展党的群众路线教育实践活动,把监督落实中央八项规定作为一项经常性工作,成立作风建设专项整治工作组,紧盯元旦、春节、清明、端午等重要节点,一个时间节点一个时间节点地抓,一个重点问题一个重点问题去查,重点检查和整治机关纪律、公车管理、公房使用、公款吃喝、大操大办、行政执法等作风问题,对各种顶风违纪行为点名道姓通报曝光,着力整治党员干部"四风"方面的突出问题。2015年以来,共开展作风建设方面的明察暗访10余次,发现违反八项规定的问题12起,对1名公车私用的领导给予党纪处分,对3个公车管理不规范的单位进行通报曝光,腾退办公用房3612平方米,领导干部和领导机关作风持续转好。

(三) 严厉惩治违纪腐败行为

及时转变办案模式,强化案件线索管理,既集中力量查办科级领导违纪违法案件,又认真查处发生在群众身边的小官、小事和小案,严肃惩治了一批发生在工程建设、资源开发、社会民生领域的违纪违法行为和腐败案件。2015年以来,全县共受理群众信访举报17件,上级交办7件;查办各类违法违纪案件23件,其中:自办案件20件、司法移送3件;正在办理7件,结案16件,处分16人,给予党纪处分14人、政纪处分3人,1人被双开,涉及科级领导4人、一般干部和其他人员12人,2015年计划查自办案件25件,加上司法移送案件,全县查办的案件将达28件,为历年来数量最多的一年,质量也在不断提升。

(四) 稳步推进预防腐败工作

坚持抓早抓小,治病救人,对党员干部身上的苗头性问题尽量做到早发现、早报告、早纠正、早处置,防止小问题变成大问题。2015年初,县纪委全会专门听取5名党政"一把手"述廉,监督执行《廉政准则》、报告个人有关事项等党内制度和规定,督促指导水务局抓好"建廉洁水务,做清廉干部"主题教育活动,认真落实廉政谈话、诫勉谈话、廉政承诺等制度,加强重点单位和重要岗位廉政风险防控,拓展党务、政务公开,强化权力运行制约监督。广泛开展廉政宣传教育工作,处级领导及县纪委同志上廉政党课40余场次;及时转发学习各种违纪违法案件通报文件,认真组织观看《杨善洲》、《焦裕禄》、《四风之害》等教育片;深化廉政文化"六进"活动。领导干部廉洁自律意识和拒腐防变能力进一步提高。

(五)认真纠治损害群众利益的不正之风

强化网上行政审批和办事服务电子监控,机关服务态度和行业之风明显转好。完善畅通群众诉求渠道"五级联动"机制,通过平台受理群众诉求681件,办结679件;加强民生资金监管平台运用,全县48家单位录入民生资金监管平台的强农惠农资金数额达40949万元;认真办理群众投诉,上半年共调查处理群众反映的行风投诉案件22件,纠正坑农害农行为32起,一批社会反映强烈、损害群众利益、伤害人民感情的不正之风和突出问题得到及时纠治,维护了社会的公平正义。

(六)继续强化自身建设

正人先正己。全县纪检监察机关带头落实八项规定,扎实开展党的群众路线教育实践活动,自觉认真转职能、转方式、转作风、反"四风",委局班子成员按照"四不放过"的原则,对班子及个人的作风之弊、行为之垢进行清理排查,共查找出班子存在的"四风"突出问题15条,班子成员50条,班子成员互相提批评意见91条。针对查找出来的问题,我们立查立行立改,结合委局实际研究制定了财务管理、公车使用、公务接待和领导干部上下班工作纪律暂行规定等制度,实行领导干部上下班指纹识别签到、出勤奖惩制。同时,加强干部教育培训和管理,上半年共派出9名干部到北大、杭培中心及上级纪委培训和跟班学习。对纪检监察干部违纪违法行为零容忍、不遮掩、不纵容,对1名工作不实的纪检监察干部进行了问责,坚决防止和制止"灯下黑"的问题。

二 "十二五"期间富宁预防和惩治腐败取得的阶段成果

全县纪检监察机关认真贯彻落实党的十八大、十八届三中全会、十八届四中全会精神,按照中央、省、州纪委全会的部署,及时转职能、转作风、转方式,聚焦中心,突出主业,缩短战线,着重抓纪律、抓作风、抓办案，全力推进全县党风廉政建设和反腐败工作任务落实，取得了阶段性的成效。

（一）监督检查深入，保驾护航职能作用有效发挥

充分发挥明察、暗访、问责和纠偏的综合效用，加大对党的纪律、十八大和十八届三中全会精神、中央"八项规定"贯彻落实和村"两委"换届、公务员和大学生村官考录、事业单位人员招聘、工作人员进县城考试、领导干部选拔任用等工作的监督检查，发现并纠正违反中央"八项规定"的问题25个。强化对中央投资、云南"三个一百"、文山"三个三十"确定在富宁实施30个重大项目建设的监督检查，累计开展监督检查50余次，促进了项目落地、任务落实和问题解决。强化"两整一提高"、"三农"发展大规划、"两违"治理等重点工作的监督检查，督促4个乡镇对保障性住房建设中存在的问题进行整改，对"三农"规划编制中工作不实的8名干部进行问责。强化现场执法监督，对136项政府投资、政府采购项目的招投标和56宗国有土地拍卖进行现场执法监督，发现并纠正4个单位的招投标程序不规范问题。

（二）作风建设务实，全县发展的软环境持续好转

严格落实中央"八项规定"，制定出台领导干部改进作风"六项规定"，加强关键时节和关键领域监督，领导干部调查研究、联系群众和检查考核制度更加完善；文风会风明显转变，发短文、讲短话、开短会逐步形成自觉；干部出行、公务接待、公车管理、公房使用和"三公"经费得到清理规范，未发现违规搞评比表彰庆典活动的现象，迎来送往、摆花设宴、修堂建馆、公车私用、公款吃喝、发钱发物等现象得到遏制，厉行节约、反对浪费的风气悄然形成。进一步简政放权、优化服务，加强对网上行政审批办事流程的电子监察监控，提醒督办2000余件超时未办的事项，机关作风、行业之风明显优化，群众办事人难找、门难进、话难说、事难办的问题有效解决，干群关系更加密切。认真谋划软环境建设工作，建立处级领导和纪检干部联系企业制度，完善企业挂牌保护办法，全县风清气正、勤政务实的环境持续好转。

（三）执纪办案有力，惩治腐败高压态势始终保持

始终把查办违纪违法案件作为端正党风、惩治腐败的有效手段，坚持依纪依法、安全文明办案，整合办案力量，严肃惩处了一批发生在工

程建设、资源开发、社会民生领域的违纪行为和腐败案件。全年共问责干部19人；受理信访举报案件24件，初核线索40件，初核率和办结率均达100%；查办案件23件，分别给予23名领导干部党纪政纪处分，涉及科级领导6人、一般干部9人、其他人员8人，被双开2人，移送司法机关2人，既惩治了腐败分子，又教育了党员干部，维护了党纪党规的严肃性。同时，为8名受到失实举报的干部澄清事实，保护了党员干部的合法权益。

（四）宣传形式多样，廉政教育治本效应日益凸显

通过各级各类媒体发表、刊播党风廉政信息、新闻、简讯335条，纪检监察信息工作由上一年的第五名晋升至全州第二名，广泛地传播了县党风廉政建设的经验和做法；举办廉政教育培训48场（次），发放廉政书籍、图册等3000多册，印发廉政寄语卡250张，向500多名领导干部发送廉政短信，达到了教育、提醒的目的；突出典型案件的教育治本效应，广泛宣传各类优秀典型，转发通报各种违纪违法案件，组织观看廉政电视、电影教育片，增强了正反两方面的教育警示效果；拓展廉政文化"六进"活动，认真打造金坝林场廉政文化长廊，巩固廉政文化示范创建成果，县民政局、阿用乡坡落村等四个单位被命名为全州第一批廉政文化示范点；加强网络舆情监控，妥善处理了一批网络言论和网上举报问题。

（五）源头防控严密，领导干部权力运行更加规范

认真开展会员卡清理工作，制定出台党政领导班子主要负责人述廉办法，加大权力公开透明运行监管和廉政风险防控，深化党务、政务公开，落实重大决策听证、重要事项公示制度，完成85个单位的职权目录统计和权力运行流程图绘制，排查廉政风险点4965个，制定防控措施2760条。严格执行党内监督各项制度，全县30名处级领导和586名科级干部报告个人有关事项，616名干部进行廉政承诺。深入落实"三谈三述"、任职函询、"三重一大"集体决策和乡镇纪委向县委、县纪委报告党政班子廉洁自律情况等制度，审查审计领导干部廉洁自律情况121人，对228名新提拔和调整交流的干部进行廉政谈话和考试。政府投资管理、公共资源交易、工程项目招投标等关键领域的监管制度更加完善，"小金库"治理成果得以巩固。

（六）纠风治理广泛，社会民生突出问题较好解决

全面推进畅通群众诉求渠道"五级联动"工作，受理群众诉求298件，办结297件，解决了群众诉求反映难的问题；严格落实乡镇党务问询和政务质询制度，收集群众意见建议484条，群众监督的主体作用有效发挥；认真组织开展"行风热线"栏目直播工作，通过电台解答解决群众反映的问题17个；强化涉农资金、政府专项资金监管，开展各种资金管理使用专项检查16次，发现并纠正问题31个，有效遏制了截留、挪用、克扣民生资金的行为；狠抓医疗卫生、医药购销和食品农资质量安全整治，调查处理群众反映的行风投诉案件12件，纠正坑农害农行为88起；加强商场、物流、通讯、金融、中介、教育、交通等领域的收费专项治理，制止一起公路乱收费行为，纠正了一批社会反映强烈、损害群众利益、伤害人民感情的问题。

（七）队伍素质过硬，纪检监察机关自身建设加强

领导班子带头讲团结、讲奉献、守纪律，加强干部教育管理，充分调动了领导干部的工作积极性，营造了团结干事的良好氛围。纪检组织进一步健全，县委、县政府关心重视纪检组织和干部队伍建设，挂牌成立了县预防腐败局，设立5个村级纪委和142个村务监督委员会，并落实委员会成员岗位补贴，促成将13个乡镇纪委的保障经费列入财政预算，基层纪检工作条件逐步改善。干部队伍更加优化，向组织推荐提拔和调整交流纪检监察干部40人，选派9批31名干部到中央纪委培训基地、省州党校参加各类培训，纪检监察干部执纪能力进一步提升。机关作风明显转变，全县纪检监察机关带头执行中央"八项规定"、改进作风、反对"四风"，深入开展"四群"教育活动，进村入户调研385次，树立了纪检监察机关良好形象。

三 "十二五"期间富宁预防和惩治腐败中存在的问题

取得的成绩可喜，存在的问题也不容忽视，主要表现在：一是部分领导干部对纪检监察机关转职能、转方式、转作风和落实党风廉政建设责任制党委负主体责任、纪委负监督责任的思想认识不到位，有的党委、党组和党政"一把手"当"甩手掌柜"，凡涉及党风廉政建设方面的工作都交给纪委或负责纪检工作的同志全权负责，不担责、不研究、

不过问、不支持；有的纪检监察干部观念没转变、角色没转换，聚焦不了中心，突出不了主业，种了别人的田，荒了自己的地。二是基础工作不牢固，各块工作推进不平稳，创新不够，亮点不多，很多工作简单以会议落实会议、文件落实文件，深入基层调查研究少，总结提炼不够，宣传推广不力。三是全县反腐倡廉制度不健全，一些已经制定出台的制度不科学，监督执行不好、不力，对违反制度的行为没有具体的惩戒，使制度失去了约束力，成了"花架子"。就连自上而下的党风廉政建设责任制的落实，一些乡镇和部门都重视不够，全县反腐倡廉建设工作还存在区域上的"盲点"和"短板"。四是纪检监察干部队伍建设滞后，特别是机构建立、职级优化、干部配备、队伍素质等都还需加强，委局机关岗位人员空缺，乡镇专职纪委副书记和纪检专干配备不足，干部教育培训跟不上，执纪监督和查办案件的能力差，一些干部责任意识、奉献意识不强，活力不足，状态不佳，激情不高，缺乏事业心、责任心和进取心。

四 "十三五"富宁县将全面深化预防和惩治腐败体系改革

根据中共中央、省委、州委关于《建立健全惩治和预防腐败体系2013—2017年工作规划》的实施意见和实施办法，为深入推进富宁县惩治和预防腐败体系建设，结合富宁县实际，制定了具体实施办法。

在实施过程中，既要求做到坚决有力惩治腐败，又要做到科学有效预防腐败。

（一）坚决有力惩治腐败

把坚决遏制腐败蔓延势头作为推进惩治和预防腐败体系建设的重要任务，有案必查、有腐必反、有贪必肃。

1. 保持惩治腐败的高压态势

坚持以"零容忍"态度惩治腐败，做到"老虎"、"苍蝇"一起打，既坚决查处领导机关和领导干部中严重违纪违法案件，又从严查处发生在基层群众身边的腐败问题，充分发挥惩治的震慑作用。突出办案重点，严格审查和处置党员干部违反党纪政纪、涉嫌违法的行为；严肃查处领导干部贪污贿赂、权钱交易、腐化堕落、失职渎职的案件；严肃查处执法、司法人员徇私舞弊、枉法裁判、以案谋私的案件；严肃查办严重违反政治纪律的案件；严肃查处群体性事件、重大责任事故背后的腐败案件；严肃查处商业贿赂案件，加大对行贿行为的惩处力度；严肃查处在征地拆迁中贪污、截留、挪用补偿资金的案件，基层干部侵占各种惠民补贴、扶贫救灾、移民安置等专项资金以及集体资金资产资源的案件。对发生重大腐败案件和不正之风长期滋生蔓延的部门和单位，实行"一案双查"，既追究当事人责任，又追究相关领导责任。

转变办案模式，提高查办案件科学化水平，增强依法依纪惩治腐败的能力。健全腐败案件信息互通、线索移送和揭露查处机制，畅通信访举报渠道，坚持和完善案件线索统一管理和集体排查制度。加强网络举报和受理工作，建立实名举报和保护证人、举报人制度。严格查办案件程序，严明办案纪律，加强办案安全审查，依纪依法、安全文明办案，坚决纠正和查处违纪违法办案行为。加强案件审理和监督管理工作，保障被审查人员合法权益。建立健全查办案件组织协调机制，充分发挥各级反腐败协调小组作用，建立纪检监察机关与公安、检察、组织人事、审计、金融、电信、工商等部门查办案件协作制度，搭建高效快捷的办案协作平台。

完善办案人员监督制约、违纪追溯、激励保障制度。采取多种方式，提高县、乡（镇）和部门纪委办案能力和水平。加强与有关方面的司法协助和执法合作，加大追逃追赃力度。加大重大典型案件通报力度，完善重点典型案件剖析制度，发挥以案促教作用。健全以查促防机制，充分发挥查办案件的治本功能。

注重办案策略，坚持抓早抓小，防微杜渐，治病救人。树立正确的办案政绩观，本着对党的事业负责、对干部负责的态度，对反映党员干部的苗头性、倾向性问题，早发现、早报告、早处置，及时谈话提醒、诫勉、函询、教育，防止小问题变成大案件。对因疏于监督管理、致使领导班子成员或直接管辖的下属发生严重违纪违法问题的，要严格倒查，严肃追究责任。

2. 严肃查处用人上的不正之风和腐败问题

坚持党管干部原则，坚持正确用人导向，深入贯彻新修订的《党政领导干部选拔任用工作条例》，选好用好干部。建立完善"怎样是好干部、怎样成长为好干部、怎样把好干部用起来"的评价指标体系，公道对待干部，公平评价干部，公正使用干部。建立理想督查制度，对干部群众举报的选人用人方面的不正之风和腐败问题，组织专门力量进行核查。加强对职务任期制执行情况的监督检查。严肃查处跑官要官、拉票贿选、买官卖官等违反组织人事纪律的行为，对违规用人问题及时发现、迅速处理、严格问责，不仅查处当事人，而且追究相关领导的责任，匡正选人用人风气。

3. 坚决纠正损害群众利益的不正之风

按照"谁主管，谁负责"的原则，坚决纠正损害群众利益的不正之风，整治社会保障、教育医疗、保障性住房、征地拆迁、环境保护等涉及民生的突出问题。进一步加大对社保基金、住房公积金、扶贫资金、救灾救助资金以及其他涉及民生的政府专项资金监管。坚决查处发生在群众身边的以权谋私问题，治理乱收费、乱罚款、乱摊派和吃拿卡要等问题，切实规范行政执法和公共服务行为。严肃查处干扰、破坏甚至操纵基层选举的行为。坚决纠正和查处违反廉洁自律规定收受礼金、干股、有价证券、会员卡、商业预付卡、支付凭证等权钱交易行为。深入开展服务企业满意度测评工作，创新民主评议工作，健全查纠不正之风工作长效机制，推动各部门各行业进一步加强政风行风建设。

(二) 科学有效预防腐败

1. 深化党风廉政教育，筑牢拒腐防变的思想道德防线

紧密结合全县、各乡镇特点和各单位特色，强化党员干部特别是领导干部反腐倡廉教育。深入开展理想信念教育，加强对中国特色社会主义发展道路、社会主义核心价值体系和中国梦、云南精神的学习教育，加强党员干部职业道德、社会公德、家庭美德、个人品德教育。加强党性党风党纪、廉政法规和从政道德教育，推进新任领导干部任前廉政谈话和党纪法规知识学习测试。注重创新方式方法，综合运用正反典型教育、岗位廉政风险教育、自我养成教育、提醒谈心和关爱教育等多种形式，增强教育的针对性和实效性。以焦裕禄、杨善洲等先进人物为楷模，学习廉洁榜样，强化示范教育。剖析违纪违法案件，加强警示教育。加强对党员干部正确行使民主权利的教育，坚决查处乱议论、乱猜测、乱造谣、乱告状等行为。

弘扬和发展廉政文化。结合民族文化强县战略和各级各部门实际，积极开展丰富多彩的廉政文化创建活动，充分发挥爱国主义教育基地、文化馆、革命纪念馆、警示教育基地、廉政文化示范点等阵地的作用，推进廉政文化进机关、进社区、进家庭、进学校、进企业、进农村，向新经济组织和新社会组织延伸，倡导非公有制企业积极开展"廉洁从业、诚信守法"活动，健全完善廉政文化建设长效机制。加强廉政文化精品工程建设，推出一批具有富宁民族文化特色的廉政文化品牌。推动廉政文化精品的网络传播，提高廉政文化的影响力和渗透力。

加强宣传和舆论引导工作。把党风廉政建设和反腐败宣传教育工作纳入党的宣传教育工作总体部署和年度安排，积极宣传党风廉政建设和反腐败工作的方针政策、决策部署以及新成效、新经验。健全反腐倡廉教育工作机制，将党风廉政建设和反腐败工作纳入学习型党组织建设，党委（党组）中心组每半年至少安排一次反腐倡廉专题学习，各级党政主要负责人每年至少主讲一次廉政党课。县委党校要把党风建设和廉洁从政教育作为开展培训的必修内容，促进反腐倡廉教育常态化。新闻媒体要加大反腐倡廉宣传报道力度，强化正面宣传引导。坚持正确舆论导向，创新工作方法，做好反腐倡廉网络舆情信息收集、研判和处置工作。严肃宣传纪律，加强对外宣传工作。

2. 加强反腐倡廉制度建设，增强执行落实力度

严格落实廉洁制度。贯彻落实《党政机关厉行节约反对浪费条例》以及国家工作人员因公临时出国（境）、党政机关国内公务接待管理、党政机关楼堂馆所建设和办公用房清理等方面的制度规定，严格遵守县制定的《关于厉行勤俭节约反对铺张浪费的通知》文件，研究制定富宁县厉行节约反对浪费实施细则。强化公车治理，完善公务用车配备使用和会议、活动经费管理办法。严格落实财政管理规定，执行国库集中收付、公务卡结算制度，实行预算决算、政府采购、"三公"经费等公共资金使用情况公开制度，建立健全公务支出、公款消费审计制度，继续执行和完善领导干部廉政档案制度。研究制定反腐倡廉建设绩效评估制度，完善腐败预警机制。

规范权力公开透明运行。深化廉政风险防控机制建设，全面清理和规范单位、部门和岗位权力事项，编制职权目录，依法公开权力运行流

程。推行全县各级政府及其工作部门权力清单制度。继续推进政务公开、司法公开、厂务公开、村（居）务公开，深化财政预算决算、部门预算决算、重大建设项目和社会公益事业信息公开，推进电子政务建设，让权力在阳光下运行。完善政务网、96128热线等载体，及时公开权力运行情况。严格执行领导干部报告个人有关事项制度，有针对性地开展抽查核实工作。根据省、州的要求，研究制定防止利益冲突暂行办法和防止利益冲突指导手册，建立健全领导干部回避、财产申报、从业限制、资产处理、离职后从业等防止利益冲突制度。认真清理规范行政执法过程中自由裁量权，健全完善基准和审核机制。认真落实中央实施治理特权的规定。认真贯彻《云南省预防职务犯罪条例》，建立健全检察、监察、审计等机关合力发挥指导监督和相关部门、企事业单位发挥预防主体作用的工作机制。

切实增强制度执行力。加强对制度执行情况的监督检查，建立制度执行监督和问责机制。严肃查处违反或不执行制度的行为，坚决维护制度的严肃性和权威性。发挥信息技术的重要支撑作用，把科技手段运用到制度设计和执行过程中，提高制度硬约束力。加强制度的清理和评估，开展制度廉洁性评估工作，建立制度廉洁性评估前置审查、廉政制度审查和责任追究制度。

3. 强化权力运行监督和制约，促进权力规范透明运行

加强和改进党内监督。完善党内生活制度。完善班子议事规则，规范党委会票决程序和运行机制，完善主要领导不直接管人事、财务、物资采购和工程招标等制度，推行重大项目决策、重要干部任免、重要项目安排和大额度资金使用等事项实行票决制。加强上级党委和纪委对下级党委及其成员尤其是对主要领导的监督。严格执行民主集中制，扩大党内民主，强化党委全委会决策和监督作用，加强对领导班子和主要领导干部行使权力的制约和监督，严肃追究违反民主集中制原则造成决策失误的相关领导责任。加强领导班子成员之间相互监督，坚持领导干部参加双重组织生活会制度，接受党员、群众的监督。积极探索纪检机关对各级党政主要负责人开展巡查制度，认真落实集体领导与个人分工负责、重要情况通报和报告、述职述廉、民主生活会、信访处理、谈话和诫勉、询问和质询等党内监督制度。深入推进党务公开，按照州委安

排，推行县委权力公开透明运行工作。县委、县政府和县级国家机关各部门、各乡镇党委和政府主要负责同志及班子成员每年向县委、县纪委提交述廉报告，主要负责同志任期内在县纪委全会上进行述廉。坚持和完善县纪委常委同下级党政主要负责人谈话、函询等制度。加强对配偶已移居国（境）外的国家工作人员的任职管理。

加强法律监督。人大及其常委会依法加强对"一府两院"的监督，加强对政府全口径预算决算、国有资产、政府重大投资项目、专项资金的审查和监督，加强对司法机关实施法律的监督。重视人大代表的视察工作，认真办理人大代表议案和建议。保证审判机关依法独立开展行政审判活动，强化检察机关对公安机关立案侦查活动、审判机关审判和执行活动的监督。支持人民法院依法受理、审理和执行行政诉讼案件，监督和维护行政机关依法行政。支持人民检察院依法查办和预防职务犯罪，强化对刑事诉讼、民事审判活动和行政诉讼的法律监督。完善和落实人民陪审员、人民监督员制度。强化司法机关内部监督和外部监督，坚决防止和纠正执法不严、司法不公的问题，维护社会公平正义。

加强行政监督。强化政府法制监督，充分发挥行政复议的监督作用。强化对政府职能部门履行职责情况的监督，严格行政执法程序。加强行政监察和审计监督，加大行政问责力度。加强对行政审批权、行政执法权行使的监督，切实纠正领导干部不作为、乱作为以及工作效率低下等不履行或不正确履行职责的问题，促进解决办事难落实、项目难落地、问题难解决的"三难"问题。加强对财政资金、金融和国有资产的监管。坚持用制度管权管事管人，确保决策权、执行权、监督权既相互制约又相互协调，确保国家机关按照法定权限和程序行使权力。加强对党政主要领导干部的经济责任审计，建立重要岗位领导干部任期内轮审制度，实现政府性资金审计全覆盖。

加强民主监督和舆论监督。支持和保证人民政协开展民主监督。完善协商民主制度和工作机制，认真听取民主党派、工商联和无党派人士的意见、建议和批评，及时办理政协委员的提案和建议。继续做好党政领导干部廉政承诺、乡（镇）党务问询和政务质询、村务监督制度，加强农村（社区）集体资金资产资源监管，进一步完善在党组织领导下的基层民主监督机制。建立健全反腐倡廉舆论引导制度，运用和规范互联网监督,及时处理并回应新闻媒体和网络反映的问题。发挥工会、共青团、妇联等人民团体以及特邀监察员、特约检察员、人民监督员和人民陪审员的监督作用,依法保障人民群众的知情权、参与权、表达权、监督权。

4. 全面深化改革和转变职能,不断铲除滋生腐败的土壤

深化行政审批制度改革,强化市场在资源配置中的决定性作用。严格控制新设行政审批项目,加强政务服务中心建设,简化行政审批流程,深入推进一个窗口受理、一条龙服务、"一站式"办结,不断提升企业和群众的办事满意度。深化干部人事制度改革,推进干部工作信息公开,建立用人方面不正之风立项督查制度,提高选人用人公信度。深化行政执法体制改革,做到严格规范公正文明执法。深化司法体制改革,优化司法职权配置,规范减刑、假释、保外就医程序,规范司法自由裁量权行使,落实司法公开、司法民主、司法任职回避和案件听证制度。深化公共资源配置市场化改革,完善公共资源交易管理体制,规范公共交易行为,进一步健全公共资源交易市场管理和监督办法,加强对市场主体行为的监管。进一步深化"农事e网通"建设,为群众搭建便捷、高效、节约的办事平台。强化诚信市场培育,加大失信惩戒力度。深化财税、金融、投资体制和国有企业改革。推进预算绩效管理,完善财政转移支付制度,实现预算单位国库机制支付和公务卡改革全覆盖。规范商业预付卡管理,落实金融账户实名制。规范政府和国有企业投资管理,健全重大项目决策评估和责任追究制度。加强对国有企业和金融机构落实"三重一大"制度情况的监督,健全执行、问责和经济责任审计等制度。

第四章

全面深化改革进程中的富宁县域文化发展

文化是民族的血脉，是人民的精神家园。必须更加自觉、更加主动地推动文化建设。富宁县境内世居壮、汉、苗、瑶、彝、仡佬6种民族，少数民族占全县人口的76.4%，其中壮族占总人口的56.3%。这里民族风情浓郁，历史文化、民族传统文化源远流长，是一个历史悠久的革命老区、风情浓郁的民族地区、资源丰富的热区、区位良好的边疆地区，各民族文化交融和交汇地。在漫长的历史发展过程中，各民族创造了独具特色的语言文字、文学艺术、音乐歌舞、风俗节庆、工艺饰品、服饰建筑等民族文化，使富宁享有"云南壮剧之乡"、"全国最具民俗特色的旅游目的地"、"中国壮族稻作文化科学研究基地"等文化名片。

近几年来，富宁县立足创新，扎实推进，谋求文化事业新提升。坚持做深思想、做大宣传、做强文化，增强做好意识形态工作的自觉性和坚定性，聚合发展正能量。主要做了以下几个方面的工作：一是积极践行社会主义核心价值观。强化科学理论武装工作，深入学习中国特色社会主义理论体系和习近平总书记系列重要讲话精神，抓好"中国梦"宣传教育，全面推进社会主义核心价值体系建设。二是加快构建城乡公共文化服务体系。城乡公共文化服务体系进一步完善，广播电视人口综合覆盖率得到提高；红色文化和坡芽等民族文化得到保护和传承，社会主义精神文明建设取得实效。三是大力培育发展文化产业。着力抓好文化建设理念创新、手段创新、基层工作创新，进一步深化文化体制改革，激发文化发展活力。充分挖掘县独有的文化资源，加强民族文化、非物质文化遗产的挖掘和保护，精心打造坡芽歌书文化品牌，着力培育文化市场体系，加快文化产业结构战略性调整，不断提高文化产业对经济增长的贡献率。四是促进文化旅游融合发展。深化合作开发理念，加快以坡芽民族文化与民族风情、归朝田园风光与架街生态旅游区开发建设，培育精品旅游线路，大力发展红色旅游、生态旅游、乡村旅游，积极推动文化、旅游融合发展。五是加强新闻舆论和对外宣传工作。注重舆情网络分析研判，健全完善重大突发事件应急防范和舆论引导机制，不断提高舆论引导能力和新闻宣传水平。抓好对外宣传和文化交流，增强富宁民族文化影响力和竞争力。

党的十八大以来，富宁县着力推进文化建设。加快低海拔体育训练基地、民族运动场、军警民综合训练场等设施建设，大力培养体操、网球等优秀青少年选手，力争在未来高水平的竞技中脱颖而出。积极承办国际国内体育赛事，培养后备竞技人才，推动文体事业繁荣发展。强化市场保障，稳定市场物价，统筹推进其他各项社会事业稳步发展。着力抓思想政治建设。县委把学习贯彻党的十八大和十八届三中全会、十八届四中全会精神，以及学习贯彻习近平总书记系列重要讲话精神紧密结合起来，及时召开县委常委会、全县领导干部大会进行安排部署，并专门下发通知要求全县各级党组织认真传达学习，组织对全县领导干部开展集中轮训，面向基层干部群众举办形式多样的宣讲活动；引导党员干部研读党的十八届三中全会通过的《中共中央关于全面深化改革若干重大问题的决定》，深入领会中央关于全面深化改革的新思想、新论断、新举措。通过学习，全县干部群众思想进一步解放，进取意识、机遇意识、责任意识进一步强化，改革进取的信心和决心进一步增强，全县形成了用理论武装头脑、指导实践、推动工作的生动局面，坚定了中国特色社会主义的道路自信、理论自信、制度自信。

第一节　培育和践行社会主义核心价值观

强化文明创建，践行核心价值。富宁县根据党中央关于培育和践行社会主义核心价值观的要求，着眼于凝聚社会力量、引领社会思潮，搭建教育和实践平台，培育和践行社会主义核心价值观，努力在提升公民素质、培育文明风尚上取得新成效。

一 广泛开展社会主义核心价值观宣传教育

认真贯彻落实《社会主义核心价值体系建设实施纲要》，大力倡导富强、民主、文明、和谐，倡导自由、平等、公正、法治，倡导爱国、敬业、诚信、友善，积极培育和践行24字社会主义核心价值观。要把培育和践行社会主义核心价值观与弘扬以高远、开放、包容的高原情怀和坚定、担当、务实的大山品质为核心的云南精神结合起来，把继承富宁县的精神与弘扬"云南精神"结合起来，精心组织开展"弘扬云南精神、奉献富民强县"主题宣传教育活动，推出一批践行云南精神，爱岗敬业、刻苦钻研、奉献社会的先进典型，为全面建成小康社会聚集正能量。

二 广泛开展公民思想道德建设实践行动

以学雷锋志愿服务活动和"做一个有道德的人"活动为载体，广泛开展道德实践。积极组织参加"十大道德模范"评选和"我推荐、我评议身边好人"活动，加大道德模范、身边好人、先进典型的宣传力度，展现"最美富宁人"的精神风采。完善学校、社会、家庭三结合的教育网络，建好那能乡村学校少年宫，进一步加强未成年人思想道德建设。

三 广泛开展群众性精神文明创建活动

突出提升思想道德内涵、巩固提高拓展延伸、吸引群众广泛参与、形成长效工作机制，抓好新一轮省级文明县城创建和州级文明单位、文明村镇和文明社区的创建工作。完善城乡、区域、军民警民联创共建机制，构建"点、线、面"结合的文明创建新格局。开展生态文明村、生态文明乡（镇）、生态文明县（市）、生态文明城市、生态文明旅游线、生态文明交通线、生态文明企业创建活动，深入推进美丽家庭、美丽乡村、美丽社区、美丽校园、美丽企业、美丽城市建设，探索精神文明建设与生态文明建设联动共创机制。

第二节　推进边疆老区文化的传承与创新

一　深入挖掘民族民间文化资源，实施文化精品工程战略

围绕以"坡芽歌书"为载体，全力打造县原生态民族文化品牌，把民族文化传承工作推向前进；以民族民间文化为主题，加强民族歌舞乐的打造提升，积极创作和推出一批体现时代精神、具有民族特色的文化精品；做好富宁民歌进央视的各项工作，加大宣传力度，提高保护认识，继续提升"柔情富宁"文化内涵与影响力。同时，完善文艺创作激励机制，充分调动文艺工作者的积极性，推进文艺精品的创作生产。

二　积极推进民族民间文化的传承、保护

进一步加强对民族文化遗产保护的领导，统一规划，统一部署，将民族文化遗产的保护纳入经济和社会发展的整体规划中，加大经费投入，通过政府拨款，社会捐赠等方式筹集资金，建立专项保护基金。大力培养专业人才，进一步加强对本县文化资源的调查；开展民间艺术和民族文化艺人的立档命名工作，逐步建立全县民族文化资源数据信息库，同时鼓励个人、家庭、群体或学校传承民族文化。建立民族文化展览馆，收集民族历史文物、典型实物（服饰系列、宗教道具、生活用具等）、民间工艺品、舞蹈用具和文学、戏剧、音乐、美术等珍贵的文献资料，做好陈列、展示、研究和管理工作。

三　着力修复一批文物古迹

深入挖掘地域文化、红色文化、民族文化等文化资源，加强对重点文物、革命遗址、古籍的维修、保护、开发和利用。维护和修缮里达讨蒋自救军革命遗址、归朝沈土司遗址、剥隘大码头、粤东会馆、粤西会馆、谷拉红军洞等文物，并认真开展文物普查、研究和申报保护工作。

四　着力申报一批非物质文化遗产

加强非物质文化遗产的挖掘和保护工作，继续挖掘整理富宁县非物

质文化遗产项目并逐级申报和实施有效保护；注重非物质文化遗产传承人的管理和保护，保障传承活动经费，扶持壮大县内200多个戏班；做好文化遗产数字化保护、研究工作和非物质文化遗产传承、研究、教育、传播和展示工作；大力开展非物质文化"进机关、进校园、进社区、进企业"传承和展示活动。

第三节 加强民族文化交流，促进文化多元发展

一 着力实施一批国门文化形象工程

积极争取立项建设富宁县边境图书馆和文化馆，加大对田蓬和木央两个边境乡镇的村级综合文化室、文化广场及配套设施建设力度。在田蓬边境口岸建设"国门文化"交流中心、"国门书屋"和"国门文化"友谊广场，在田蓬、木央边境一线较大的自然村建设功能完善的"国门文化"交流设施，举办丰富多彩的边境文化交流活动，树立良好的国门文化形象。

二 着力创作一批文化艺术精品

2014年10月15日，文艺工作座谈会在北京举行。习近平总书记在重要讲话中围绕文艺工作的根本任务、指导方针、文艺与人民的关系、文艺创作方法、文艺与市场的关系、好作品的标准、文艺队伍建设、文艺工作环境、文艺评价等问题展开科学论述，引发社会各界特别是文艺界的广泛关注。习近平总书记的重要讲话，充分阐释了关于文艺繁荣发展的一系列重大问题，拓展了文艺繁荣发展的新境界，开启了文艺发展的新篇章。（《光明日报》2015年1月6日）

为进一步促进富宁文艺工作的发展，坚持以人民为中心、以民族特色为亮点的导向，推进和扶持"富宁县文艺创作基地"建设，完善《富宁县文艺创作奖励办法》，继续打造云南壮剧《耕濛仙珑》、《坡芽故事》等歌舞剧和《彝族铜鼓舞》等为代表的精品戏剧、歌曲、舞蹈、美术、工艺和曲艺等作品。继续拓展"坡芽情歌"演唱形式，将坡芽

合唱团打造成为中国独有的"民族山歌合唱团",积极参与国际国内的各种文艺演出和比赛活动,扩大坡芽文化的知名度,提高坡芽形象的美誉度。在文化艺术工作中把握住中国精神这个社会主义文艺的灵魂,扎实开展"深入生活、扎根人民"主题实践活动,潜心老百姓生活的深处,在深入人民生活中提升思想和艺术境界,挖掘出时代的精神内核。

三 着力培育一批特色文化产业

2014年以来,我国支持文化产业发展的政策频出,力度空前,发布了《关于印发文化体制改革中经营性文化事业单位转制为企业和进一步支持文化企业发展两个规定的通知》、《国务院关于推进文化创意和设计服务与相关产业融合发展的若干意见》、《关于支持电影发展若干经济政策》等一系列文件,此后《关于大力支持小微文化企业发展的实施意见》、《2014年度文化产业发展专项资金拟支持项目公示》等政策也相继推出,文化产业迎来新的发展机遇。

在中央政策引导下,富宁县出台文化产业发展优惠政策,编制文化产业引资项目,扶持富宁百越文化传媒公司等本地文化企业,鼓励成立演职公司参与文艺辅导、文艺接待、艺术创作、文化产品和旅游开发、文艺演出等商务文化活动。

四 着力举办系列文化体育活动

富宁县精心策划"中国壮族坡芽情歌节"、"滇、黔、桂边境县文化交流活动"等大型文化活动和全国网球赛、篮球赛等各类体育赛事,组织开展各类全民健身活动,全力打造全省全民健身示范县。每年组织50场(次)左右的文化"三下乡"和送戏下乡活动。进一步提升"广场舞"的普及面和影响力,拓展百越公园、月亮滩等群众广场舞活动点,在各乡镇街道和有条件的行政村开展广场舞活动。深入开展文艺会演、歌手大赛、演讲比赛等文艺活动和全国野钓大赛、龙舟大赛等体育活动。组织好壮族的"曼瑞珑端"、瑶族的"盘王节"、彝族的"跳宫节"、苗族的"花山节"等民族活动,推进县、乡、村三级群众文体活动常态化、频繁化、规范化开展,实现文化乐民和全民健身。

五　着力培养一批文化人才队伍

完善人才引进、培训和绩效奖励机制，通过培训、引导、扶持等措施，培养一支高素质的文化管理人才队伍，培养一支专业技术人才队伍，培养一支能吃苦耐劳、扎根群众的基层文化人才队伍，培养一支对民族文化有深厚感情的民间文艺骨干队伍，培养一支热爱文化事业的群众队伍。培育和支持农村文艺队、民间壮戏班、电影放映队等民间文艺团体，帮助成立民间文艺协会。积极鼓励文化人才参加各种文艺比赛和文化交流活动，拓展文艺视野，提高艺术水平，以"云南壮剧"和"坡芽情歌"为龙头，推出一批艺术名人，带动本地文化艺术的发展，提升富宁文化的影响力和竞争力。

第四节　加强文化建设，丰富人民精神文化生活

一　着力夯实一批文化基础设施

在"十二五"期间，富宁县加快推进坡芽传承馆、革命纪念馆、博物馆、图书馆、香樟体育城等县城公共文体服务设施建设，启动老城区"壮风水韵"民族特色文化片区改造和坡芽文化园区建设。加大乡（镇）村文化站（室）、灯光球场和田蓬狮子山"南疆红领巾辅导站"等爱国主义教育基地建设力度，把乡（镇）村基层文化站（室）、农家书屋建成集宣传教育、图书阅读、广播影视、文化娱乐、科技推广、科普培训、体育健身和青少年校外活动于一体的综合文化阵地。到2015年，建成以县城为中心、乡镇为载体、村级为基层服务点的三级公共文化惠民服务设施体系，促进全县公共文化设施从分点布局向网络体系发展，基本满足各族群众多样化、多层次化的精神文化需求。

二　努力完善公共文化服务体系建设

着眼于满足和保障人民群众的基本文化权益，积极争取国家、省、州支持，加快建设覆盖城乡的公共文化服务体系。重点抓好乡镇综合文

化站的配套建设，紧紧抓住国家扩大内需的机遇，做好民族文化项目的储备申报工作；加强对农村业余文艺队的辅导；加强农村公共文化综合服务能力建设，有效整合文化、教育、科技、体育和老年活动场所的阵地资源，实现综合利用，共建共享，最大限度地满足群众对精神文化的需求。

三 保护与开发利用相结合，推进城乡和谐发展

探索、鼓励企业进入开发文化产业市场，通过积极的产业政策和有序的市场化运作，推进文化产业发展工作取得实质性进展。将文化保护与旅游开发相结合，与新农村建设同步，与生态保护相协调，与农民利益相一致。积极开展各种民族文化活动、旅游文化活动，弘扬民族歌舞文化、民族特色饮食、民族特色饰品等，发展旅游餐饮业、民族饰品手工业等，带动农民群众增收，促进民族文化的保护和发展。在文化活动中，注重扶持培养农民文化群体，积极组织建立新的农村文艺队，扶持恢复老文艺队，形成民族文化大发展的格局，推动全县经济社会的和谐发展。

四 着力推进一批文化惠民工程

全面实施文化共享工程、数字图书馆推广工程和公共电子阅览室建设计划、农民文化素质教育网络培训学校推广计划。继续实施广播电视"村村通"、"户户通"工程和边境自然村网络电视（ITTV）介入州县广播电视节目项目以及田蓬等广播电视服务站建设项目申报工作。实现广播和电视覆盖率均达到100%，20户以下通电自然村广播、电视实现全覆盖，数字电视在全县各乡镇和中心乡镇邻近村得到全面普及。加快农家书屋建设，逐步向自然村（组）和家庭进行延伸。加大文化流动服务设施建设力度，建立流动文化服务网络，完善文化流动服务设备，推动形成免费开放、集中配送、连锁服务的公共文化供给新模式。成立云南少数民族语（壮语）电影译制中心，每年至少完成译制故事片5部、科教片10部。进一步改善农村电影放映基础设施条件，建立和完善覆盖全县的数字电影放映服务体系，保证广大群众享受到优质、快捷、方便的数字电影服务。

第五章

全面深化改革进程中的富宁县域社会发展

富宁县委坚持把关注民生、重视民生、保障民生、改善民生作为基本职责，努力让人民生活得更幸福。"十二五"期间，富宁县统筹协调、全面发展，各项社会事业取得新进展。始终在解决民生问题上加大投入力度，在加强社会管理上创新体制机制，让广大群众更多分享改革开放成果，为加快发展营造良好的社会环境。一是加快社会事业均衡发展。教育惠民政策全面落实，各项教育建设工程扎实推进；积极搭建终身教育发展的新载体，设立云南开放大学富宁学习中心的前期工作取得进展；健全完善教师引进和流动管理办法，优化教师队伍结构，各级各类学校协调发展。扎实推进科技创新，科技服务经济社会发展的能力不断增强。加大对卫生事业的投入，卫生基础设施逐步完善，农村合作医疗和城镇医疗保险覆盖面进一步扩大，突发卫生事件防控能力和医疗服务水平得到提升。城乡社会保障体系逐步完善，城乡最低生活保障人口基本实现应保尽保。加大保障性住房建设和农村危房改造力度，城乡低收入家庭住房难问题得到有效缓解。加大生态保护力度，严格落实节能减排目标责任，狠抓"两污"项目申报建设，努力改善环境质量。抗灾救灾、老龄、残联、计生、史志、人防、地震、档案等各项工作统筹推进。二是全力保持社会大局稳定。认真做好新形势下群众工作，畅通信访渠道，加大历史遗留问题、涉法涉诉矛盾的终结力度。对群众反映强烈的县城"两违"问题进行综合整治，治理工作取得阶段性成效。大力推进平安建设"五级联创"和网格化管理，狠抓治安突出问题、薄弱区域专项整治，加大对新型违法犯罪、严重刑事犯罪的打击力度，让犯罪分子付出沉重代价，切实维护社会安全稳定。加大隐患排查和日常监管力度，安全生产形势持续好转。"双拥"工作和国防后备力量建设全面加强，军政军民关系更加密切。

党的十八大以来，抓社会事业促发展。坚持教育优先发展战略，全力加大教育投入，改善办学条件，强化教学管理，完善教师流动及奖励办法，全面落实国家"两免一补"等各项政策，教育教学质量明显提升，2013年高考上线率达99.21%，比上年提高了3.3个百分点。"中国富宁·壮族坡芽文化"等民族、老区特色民族文化挖掘、保护、传承、发展工作成果丰富，坡芽文化村等一批文化设施项目陆续启动建设。医疗卫生基础投入不断加强，医疗药品市场秩序不断规范，县人民医院二级甲等综合医院创建工作通过省级评审，人民医疗保障水平逐年提高，2013年新农合参合率达97.57%。执行计划生育国策，提高人口素质。廉租住房和公租房建设扎实推进，农村危房改造成效显著，建成保障性住房588套2.9万平方米，兑现住房租赁补贴287万元。山瑶扶持发展工作成效显现，累计投入资金2.7亿元，8000多名山瑶群众生产生活境况得到明显改善。

第一节　努力办好人民满意的教育

"十二五"期间，富宁县坚持按照《国家中长期教育改革和发展规划纲要》的总体安排和部署，进一步加大教育投入力度，重点抓义务教育学校标准化建设工程，使义务教育阶段学生向重点区域集中，实现集中办学的目标。加快发展高中阶段教育，将重点学校办成名校，探索普及12年义务教育，巩固义务教育成果，基本实现普及学前教育，办好少数民族、特殊教育学校或班级；围绕工业和服务业发展职业技术教育，使教育呈现出"县城办高（职）中教育——乡镇和完小集中办义务教育——村级办学前教育"的教育三级办学体系，进一步整合师资力量，实现教育大班化向小班化转变，积极开展青少年校外活动，培养学生参与社会实践的能力。全面深化教育体制改革，调整优化教育结构，在全社会营造推进素质教育的良好环境。完善贫困家庭学生资助体系，解决好山瑶青少年儿童入学问题，使教育公共资源向农村、贫困群体和特困少数民族倾斜。整合师资力量，加大教育培训力度，探索送教下乡、优秀教师挂职等方式，鼓励优秀教师到边远山区任教，培养良好师资。不断加强现代教育体系建设,积极发展远程教育,继续支持党校、教师进修学校、农广校等机构办好学历教育和成人教育,建设学习型社会,办好人民满意的教育。

"十三五"期间,富宁将进一步深化教育领域改革,促进各项教育工作全面发展。

一 教育发展的指导思想和总体思路

(一) 指导思想

以邓小平理论和科学发展观为指导,全面贯彻落实党的十八大、十八届三中全会和习近平总书记系列重要讲话精神,继续实施科教兴县战略和人才强县战略,优先发展教育,建设人力资源强县,努力办好人民满意教育。按照《国家中长期教育改革和发展规划纲要(2010—2020年)》等重要教育政策和法律法规文件要求,立足县情,把握教育发展的阶段性特征,坚持依法治教,尊重教育规律,夯实基础,优化结构,调整布局,提升内涵,促进教育全面协调可持续发展,为富宁全面建成小康社会提供智力支持和人才资源保障。

(二) 总体思路

1. 以提高素质教育为主题。坚持育人为本、德育为先,把立德树人作为教育的根本任务,将素质教育贯穿于学校教育、家庭教育和社会教育,努力培养德智体美全面发展的社会主义建设者和接班人。

2. 以均衡发展各类教育为目标。结合全县经济和社会发展的实际,实事求是,因地制宜,分区规划,分类指导,逐步缩小城乡差距,初步实现区域内教育均衡发展,提高教育普及程度。

3. 以加强教师队伍建设为关键。加强和改进教师管理制度,强化教师培训,努力建设高素质教师队伍,培养和造就一批教育行家。

4. 以机制改革为动力。着力推进学校内部管理体制改革,加强教育法制建设,依法治教,扩大教育对外开放,形成更加有利于教育发展的机制。

5. 以精细化管理为抓手。强化学校内部管理,深入开展校园文化建设,着力打造一批成效显著、特色鲜明、社会认同度较高、在区域内有一定影响力的校园文化品牌学校,着力提升教育整体形象。

6. 以办好让人民群众放心满意的教育为宗旨。坚持教育的社会主义性质和公益性原则，促进教育公平，加大对特困民族和困难学生的扶持力度，认真解决社会关心的教育热点难点问题，保障适龄儿童少年享有接受良好教育的机会。

二 教育发展的目标任务

（一）基础设施建设

按照"满足需要，适度超前"原则和抓住国家中长期教育改革和发展机遇，抓好学校基本建设规划，加大基础建设投入，积极配备各类图书、实验仪器、音体美器材等，硬件设施基本达到国家标准。

（二）学前教育

继续把发展学前教育纳入城镇、新农村建设规划。建立政府主导、社会参与、公办民办并举的办园体制。积极发展公办幼儿园，大力扶持民办幼儿园，扩大农村学前教育资源，努力提高学前教育普及程度。

（三）义务教育

建立健全义务教育均衡发展保障机制，采取有效措施，确保适龄儿童少年不因家庭经济困难、学习困难、就学困难等原因而失学。关注农村留守儿童的教育问题，确保农民工子女、山瑶族等困难民族子女同等享受优质教育。认真落实"两免一补"和营养改善计划等惠民政策，切实保障家庭贫困学生顺利完成义务教育。在抓好控辍保学的同时，在初中渗透职业技术教育，积极引导初中学生向职业教育分流，使初中生学有所得，学有所乐，学有所长，增强农村教育的吸引力，稳定义务教育适龄儿童、少年入学率，有效降低义务教育阶段辍学率。进一步加大薄弱学校改造力度，努力办好每一所学校，使各学校办学条件、经费、投入和校长、教师的配备基本达到均衡。

（四）高中教育

深入推进课程改革，全面落实课程方案，保证学生全面完成国家规定的文理等各门课程的学习。创造条件开设丰富多彩的选修课，提高课程的选择性，促进学生全面而有个性的发展。建立学生发展指导制度，加强对学生的理想、心理、学业等多方面的指导。继续积极探索加快全县发展高中教育的新思路、新途径，坚持扩容与提质并重，全面加强质量管理，不断提高教育教学质量。

(五) 职业教育

政府切实履行发展职业教育的职责。把职业教育纳入经济社会发展和产业发展规划，促使职业教育规模、专业设置与经济社会发展需求相适应。加强基础教育、职业教育和成人教育统筹，促进农科教结合。以提高质量作为重点，以服务为宗旨，以就业为导向，推进教育教学改革。实行工学结合、校企合作、顶岗实习的人才培养模式。坚持学校教育与职业培训并举，全日制与非全日制并重。加强"双师型"教师队伍和实训基地建设，提升职业教育基础能力。

(六) 特困民族教育

重视和支持山瑶等特困民族教育，切实解决少数民族教育发展面临的特殊困难和突出问题，促进各民族共同团结奋斗、共同繁荣发展。按照富宁县扶持山瑶族发展规划，整合教育资源，将山瑶族学生从小学一年级开始集中到乡（镇）或者县城就读，接受优质教育资源；加强职业教育，保证不能升入普通高中的山瑶初中毕业生进入职业高中接受专业技能培训；山瑶群众聚居地原有学校得到维修加固，用以开办学前教育及成人教育；整乡推进项目学校建设达到标准化，基本满足当地办学需求。

(七) 现代教育示范性学校管理

适应国家行政管理体制改革要求，明确政府管理的权限和职责，明确各级各类学校办学的权利和责任，形成不同办学模式，避免千校一面。完善学校目标管理和绩效管理机制。政府及其部门要树立服务意识，改进管理方式，完善管理制度，减少和规范对学校的行政审批事项，依法保障学校充分行使办学自主权。完善普通中小学和中等职业学校校长负责制。实行校务会议等管理制度，建立健全教职工代表大会制度，不断完善科学民主决策机制。扩大中等职业学校专业设置自主权。引导社区和有关专业人士参与学校管理和监督。

(八) 素质教育

创新人才培养模式，遵循教育规律和人才成长规律，深化教育教学改革，创新教育教学方法，探索多种培养方式，形成各类人才辈出、拔尖创新人才不断涌现的局面。注重学思结合。倡导启发式、探究式、讨论式、参与式教学,帮助学生学会学习。激发学生的好奇心,培养学生的兴趣爱好,营造独立思考、自由探索的良好环境。适应经济社会发展和科技进步的要求,推进课程改革,建立健全教材质量监管制度。深入研究、确定不同教育阶段学生必须掌握的核心内容,形成更新教学内容的机制。充分发挥现代信息技术作用,促进优质教学资源共享。

(九) 教师队伍建设

力争"十三五"末,全县幼儿园、小学、初中和高中专任教师学历达标率均达100%,实现"小学教师大专化,中学教师本科化";择址新建县教师进修学校,教师进修学校专任教师和主体型职业学校专任教师符合国家规定任职资格均达96%;乡镇成人教育中心校专职教师学历达标率达75%以上;培养一定数量的由省、州评审认定的名教师、名校长和学科、学术带头人。各级各类学校教师专业技术职务结构趋于科学合理,基本符合省、州有关规定。

(十) 信息化建设

继续加强教育信息化基础设施建设,稳步推进农村学校宽带网络、数字教育资源、网络学习空间建设,为191所农村义务教育学校建设宽带网络,配置计算机设备1342套。建设标准化的县、乡镇(校)级电教室,完小一级学校至少配备30台电脑,三年级以上开设信息课。县、乡、校三级网络系统基本形成,完小以上学校建成计算机教室,做到班班通、堂堂用,学生生机达到20∶1,80%以上学生享受到信息技术教育。提升农村学校信息化基础设施与教育信息化应用水平,加强教师信息技术应用能力培训,推进信息技术在教育教学中的深入应用,使农村地区师生便捷共享优质数字教育资源。为确需保留的村小学和教学点配置数字教育资源接收和播放设备,配送优质数字教育资源。加快学籍管理等教育管理信息系统应用,并将学生、教师、学校资产等基本信息全部纳入信息系统管理。

三 教育发展的保障措施

(一) 加强党和政府对教育工作的领导

各级党委和政府。要以邓小平理论和党的十八大、十八届三中全会精神为指导,深入贯彻落实科学发展观,把推动教育事业优先发展、科学发展作为重要职责，健全领导体制和决策机制，及时研究解决教育改革发展的重大问题和群众关心的热点问题。要把推进教育事业改革发展作为各级党委、政府政绩考核的重要内容，建立相应的考核机制和问责制度。各级政府要定期向同级人民代表大会或其常务委员会报告教育工作情况。建立各级党政领导班子成员定点联系学校制度。党和政府的有关部门要切实履行好各自的职责，支持教育的改革和发展。加强教育宏观政策和发展战略研究，提高教育决策科学化水平。

（二）以党的群众路线教育实践活动为契机，着力提升教育行风形象

继续深入开展党的群众路线教育实践活动不放松，并形成长效机制。把党的群众路线教育实践活动贯穿学校教育教学活动始终，坚持走群众路线，切切实实为民办实事好事，以办人民群众满意教育为宗旨。加强学校领导班子和领导干部队伍建设，不断提高思想政治素质、办学治校能力。认真开展密切联系群众之风、求真务实之风、艰苦奋斗之风、批评和自我批评之风。坚持标本兼治、综合治理、惩防并举、注重预防的方针，完善体现教育系统特点的惩治和预防腐败体系。严格执行党风廉政建设责任制，加大教育、监督、改革、制度创新力度，坚决惩治腐败。坚持从严治教、规范管理，积极推行政务公开、校务公开。坚决纠正损害群众利益的各种不正之风。

（三）坚持"两基"工作重中之重地位不动摇，巩固提升"两基"水平

大力宣传《教育法》、《义务教育法》等法律法规，强化广大群众法律意识，增强广大群众依法送子女入学的行为。坚持实行开学检查、通知入学、学籍管理和转学休学制度，积极动员未完成义务教育而辍学的学生返校上课，巩固和提高"普九"成果。健全家庭经济困难学生接受义务教育的助学制度，加大对家庭贫困学生资助，防止学生因家庭经济困难而辍学，保证学生进得来、留得住、学得好。同时，将扫盲与新型农民培养培训工程、农村劳动力转移培养培训工程结合起来，培育有文化、懂技术、会经营的新型农民，广泛培养农村实用人才，巩固扫盲成果；促进农民增收致富。根据全县校舍安全建设规划，将义务教育阶段撤并的学校纳入统一规划和管理，用于学前教育和成人教育，由当

地聘请教师教学。

(四) 加大教育投入，加强经费管理

健全以政府投入为主、多渠道筹集教育经费的体制，大幅度增加教育投入。按照《国家中长期教育改革和发展规划纲要（2010—2020年)》的要求："政府要优化财政支出结构，统筹各项收入，把教育作为财政支出重点领域予以优先保障。严格按照教育法律法规规定，年初预算和预算执行中的超收收入分配都要体现法定增长要求，保证财政教育拨款增长明显高于财政经常性收入增长，并使按在校学生人数平均的教育费用逐步增长，保证教师工资和学生人均公用经费逐步增长。"县级财政每年拿出1000万元投入教育。按增值税、营业税、消费税的3%足额征收教育费附加，专项用于教育，其中70%用于义务教育，30%用于职业教育。坚持依法理财，严格执行国家财政资金管理法律制度和财经纪律。完善"校财局管"办法，加强学校收费管理，规范学校收费行为。坚持勤俭办学，严禁铺张浪费，建设节约型学校。

(五) 加强队伍建设，提高教师整体素质

加强教师职业理想和职业道德教育，增强广大教师教书育人的责任感和使命感。将师德表现作为教师考核、聘任（聘用）和评价的首要内容。完善培养培训体系，做好培养培训规划，县财政每年将教师工资总额的2%用于师资培训，不断提高教师专业水平和教学能力。继续将"国培计划"纳入教师队伍建设和教师培训总体规划，加强领导，统筹规划，精心实施，并以实施"国培计划"为契机，以农村教师为重点，分类、分层、分岗、分科大规模组织教师培训，全面提高中小学教师队伍整体素质，为促进教育改革发展提供师资保障。开展下乡支教活动，有序组织城区骨干教师到乡镇薄弱学校任职、支教，乡镇骨干教师到村级学校支教，促进教师合理有序流动，解决农村教师不足，教学质量偏低的问题。不断改善教师的工作、学习和生活条件，吸引优秀人才长期从教、终身从教。进一步完善绩效工资制度。对长期在农村基层和艰苦边远地区工作的教师，在工资、职务职称等方面实行倾斜政策，改善工作和生活条件。制定教师住房优惠政策。建设农村边远艰苦地区学校教师周转宿舍。

（六）加快推进信息化基础设施建设，加强优质教育资源开发与应用

充分利用优质资源和先进技术，创新运行机制和管理模式，整合现有资源，构建先进、高效、实用的数字化教育基础设施。加快终端设施普及，推进数字化校园建设，实现多种方式接入互联网。继续推进农村中小学远程教育，力争到2018年全县完小以上学校全部实现班班通工程，让农村和边远地区师生能够享受优质教育资源。提高教师应用信息技术水平，更新教学观念，改进教学方法，提高教学效果。鼓励学生利用信息手段主动学习、自主学习，增强运用信息技术分析解决问题能力。加快全民信息技术普及和应用。制定学校基础信息管理要求，加快学校管理信息化进程，促进学校管理标准化、规范化。

（七）深入开展平安校园创建活动，切实维护教育系统和谐稳定

深入开展平安校园、无邪校园、文明校园、绿色校园、和谐校园创建活动，为师生创造安全舒适、和谐融洽、充满活力的工作、学习和生活环境。加强师生思想政治教育，帮助师生员工解决实际困难和问题，完善矛盾纠纷排查化解机制。加强校园网络管理和周边治安综合治理，乡镇中心学校、城区中小学和幼儿园全部聘请专职保安人员、校医，将聘请专职保安人员和校医经费纳入县财政预算。各乡镇中心学校、城区中小学、幼儿园的重点部位要安装监控设备，在位于交通路口的学校、幼儿园附近设警务室，校（园）门口设置警示牌和减速带。校（园）门卫室配备安保工具。建立学校、幼儿园安全工作联席会议制度，完善学校、幼儿园突发事件应急管理机制，妥善处置各种事端。

（八）广泛宣传动员，营造教育发展良好的舆论环境

广泛宣传党和国家关于教育工作的方针、政策，广泛宣传优先发展教育、建设人力资源强县的重要性、紧迫性，广泛宣传规划纲要的重大意义和主要内容，动员全党全社会进一步关心、支持教育事业的改革和发展，为规划的实施创造良好社会环境和舆论氛围。坚强教育系统先进人物、先进典型和工作成就的宣传，在全社会营造尊重劳动、尊重知识、尊重人才、尊重创造的氛围。鼓励社会各界参与办教育，鼓励广大人民群众，采取多种形式和办法，支持学校建设，参与学校管理，积极为教育发展贡献力量。

第二节 加快科技成果的推广和应用

所谓科技成果是指人们在科学技术活动中通过复杂的智力劳动所得出的具有某种被公认的学术或经济价值的知识产品。是由法定机关认可，在一定范围内经实践证明先进、成熟、适用，能取得良好经济、社会或生态环境效益的科学技术成果，其内涵与知识产权和专有技术基本相一致，是无形资产中不可缺少的重要组成部分。科技成果主要来源于高等院校、科研院所等科研机构。富宁县供给科技成果的科研机构很少，可以说没有科研机构，在科技进步过程中，绝大部分科技成果主要依靠引进，或者是依靠引进吸收再创新形成自己的科技成果。科技成果的推广和应用是科技成果转化的过程，是科技成果变为现实生产力，推动地方科技进步，促进地方经济、社会发展的有力支撑。

一 科技成果推广和应用现状

"十二五"期间，通过全县广大科技工作者深入生产第一线，孜孜不倦的工作实践，总结推广了一系列适用科技成果，为推动科技进步和经济、社会发展作出了重要贡献。

（一）畜牧业新品种及其养殖新技术、新方法的引进示范推广情况

近年来，引进约克、杜约克、大白等良种猪新品种，推广猪人工授精、直线育肥、圈舍改造等技术，全县生猪生产实现了良种化，年出栏商品猪达62.8万头，出栏率达104%；实施标准化养猪技术，促进全县猪散养方式向专业化、规模化养殖方式转变，全县涌现出百头以上的养猪专业大户达223家。引进摩拉、尼里、西门塔尔、短角、婆罗门、安格斯、利木赞等良种牛新品种，采取牛冻精配种、淘汰劣质公牛、饲草青储氨化、犊牛补饲、肉牛短期育肥等饲养推广技术，全县有78个冻改罐点，覆盖全县12个乡镇共130余个村委会，促使县内肉牛生产基地如雨后春笋般的快速发展，有标准化、规模化肉牛养殖场17家，年出栏肉牛达12.8万头。2014年全县畜牧业产值达31亿元。

（二）农作物新品种、新技术的引进示范推广情况

自2010年以来，富宁县把甘蔗作为农业产业结构调整的主要发展

品种，全县引进甘蔗新品种进行试验示范的达50多个，面积达2000多亩，筛选出了适合县种植发展的品种如粤糖00236、台糖22、粤糖93159、桂福98-296等进行推广应用。在新品种引进试验示范的同时，每年还开展甘蔗高产创建活动，采取集约化、规范化、标准化、无害化栽培技术，充分挖掘增产潜力，提高单产，增加总产，改善品质，创建富宁县甘蔗双高一优栽培技术新模式，推动全县甘蔗产业迅速发展，5年时间，甘蔗种植面积从个位数发展到现在两位数的47万亩，加速了富宁县建设成为国家级现代重要蔗糖基地的步伐。在粮食作物品种及其栽培技术推广方面，加强引进更新种植品种，集成了水稻、苞谷等作物大量的高产栽培技术，加快了主导品种和主推技术推广应用。2014年，全县水稻、玉米杂交良种引进、试验示范展示品种52个，其中玉米试验新品种10个，示范展示品种33个，杂交水稻试验新品种9个。全县主导推广的水稻品种从硬质米的岗优、仙优系列逐步向软质米的宜香、德香、文富和两优等高产优质米系列转变，主推品种有两优2186、两优61、泰优2号、文富、宜香等系列，每年推广杂交水稻达10万亩，其中优质水稻达7万亩；玉米品种推广从原来的兴黄单892、云丰88等群改种转变到推广高产优质、抗病等特性的正大、织金、云瑞等系列，每年推广面积达13万亩。在经济作物推广应用方面，结合县自然优势资源，引进适合富宁县种植的辣椒、脱毒马铃薯、番茄、水果玉米、荷兰豆、西葫芦等蔬菜新品种22个，在朝坤家庭农场和康祥农民专业合作社等经济合作组织进行试验示范种植，取得良好的经济效益和社会效益，为促进全县蔬菜产业发展起到重要作用。

（三）林业科技推广应用情况

富宁县林业科技工作始终以"服务三农"、促进林业发展和农民增收为目标，以科技创新和成果推广为主线，加大科技投入，整合科技资源，全面落实"科技兴林"战略。通过实施科研项目对外合作、林业科技开发、技术人才引进、科普宣传教育、技术推广普及等科技工程，在林木新品种及种苗培育、林产品精深加工、木材加工技术升级、森林资源开发及经营等林业科研方面取了丰硕成果。一是全县建立优质苗圃15个608.5亩，培育油茶苗木1200万株，储备其他造林苗木1000万株。二是选育油茶良种11个，即富宁油茶1-11号，品种在进行生长观察测定。三是实施油茶嫁接技术，培育油茶优良穗条嫁接苗4500余株，建立油茶高接换冠基地，实施250亩油茶良种采穗圃和400亩油茶良种繁育基地。四是组织完成富宁油茶1-11号良种的相关数据和资料采编，收录入国家林业局《油茶品种志》，成为全国油茶良种推广运用品种之一。林业科技成果的推广应用，促进了县特色林业产业的发展，全县新植和改造油茶58.06万亩、核桃20.45万亩、速生丰产林45万亩、八角50万亩，森林面积达到了342.9万亩，森林覆盖率达到了52.02%。

（四）企业科技示范推广情况

近年来，坚持"政府推动，企业主体，市场导向"的原则，努力为企业服务，先后为全县中小企业争取到云南省科技计划项目19项，获得项目资金906万元。万道香公司实施的"无性系优良茶叶栽培示范及产品开发"项目，通过认真总结鉴定，积极推广应用无公害茶叶安全标准化种植和加工操作技术规程，提高产品质量，企业生产的"万道香"、"富州"两个绿茶系列"碧螺春"、"毛尖"、"生态毛峰"、"绿茶"4个产品获得国家绿色食品认证，绿茶和普洱茶的加工和服务获得国ISO9001:2000质量管理体系认证，"万道香"商标获得"云南省著名商标"。剥隘七醋公司实施的"传统'剥隘七醋'发酵工艺技术创新及新产品开发"项目，采用醋酸菌和酵母菌双深层发酵技术，得到更适合深层发酵和产醋稳定的菌株，发酵周期缩短，产品风味及营养更加优良；研究应用自吸式醋酸发酵罐进行深层发酵，使工艺更加节能、高效、环保；研究开发无糖型醋饮品并获得授权发明专利和外观设计专利，公司核心竞争力得到提升，对富宁传统"剥隘七醋"扩大生产，走向市场发挥了重要作用。富嘉林产公司实施的"原生态油茶基地建设及其系列产品开发"项目，研究应用了先进的冷榨工艺进行物理精炼、冷冻脱胶，生产出来的茶油质量可达到国家一级色拉油标准，产品通过国家工业产品生产许可（QS）认证，研究完成富宁县油茶综合技术规程DG5326的地方标准，为富宁县油茶产业发展提供可靠的技术支撑。永鑫公司实施的"甘蔗优良品种及蔗糖生产节能减排关键技术应用示范及产业化"项目，通过甘蔗优良品种应用示范、连续煮糖硬件设备选型及调试应用、新型高效糖业板式换热器硬件设备选型及调试安装应用、新型高效糖业板式换热器关键技术应用等技术,在提高甘蔗平均糖分同时,降低蔗糖生产成本、能耗,实现经济、社会和生态效益共赢。随着"甘蔗优良品种及蔗糖生产节能减排关键技术应用示范及产业化"项目的实施,培育建成了日处理甘蔗12000吨的高新技术企业、农产品深加工科技型龙头企业云南富宁永鑫糖业有限公司,公司实现工业产值达7亿多,成为富宁县规模龙头企业。

实践证明,县域经济的快速发展在很大程度上有赖于科技的进步和创新,有赖于科技成果的大量推广应用和普及。

二 制约科技成果推广和应用的因素

(一)科技成果本身是促进推广和应用的决定因素

科技成果的推广和应用取决于成果的市场需求性。市场的需求、农民的自愿采纳应用是科技成果得到推广应用的前提条件。为此,在农业科研项目立项时,不但要听取科技人员、专家、管理人员的意见,还要研究有关方针、政策,广泛进行农村调查,以保证所推广的科技成果适应市场需求,符合县域经济发展的需要。

(二)科技活动经费不足

科技活动经费的投入是科技进步贡献率的支撑,没有科技投入,科技工作难以开展,科技项目难以落地。大量的科技项目实施及其技术措施的推广和应用,需要强有力的科技投入体系来支撑。目前,富宁县的科技项目少,科技项目成果转化率低,反映了科技投入严重不足。一是企业研发投入偏低。目前国际上一般认为,技术开发资金占销售额1%的企业难以生存,占2%的可以维持,占5%的方有竞争力。富宁县绝大部分企业即没有独立的科研机构,也没有研发经费的投入,研发投入意识淡薄,严重阻碍着企业技术创新和技术改进,削弱企业的持续竞争能力,制约了企业的进一步发展壮大。一直以来,县研发经费(R&D)的投入占国民生产总值(GDP)徘徊在0.2%左右,并显示出随着GDP的逐年增长比重减少的趋势。二是财政科技投入很低,且随意性较大。从县级财政安排给县科技行政管理部门使用的科技三项经费(含科普经费)来看,2011年拨款45万元,2012年57万元,2013年55.8万元,2014年61.7万元,分别比上年增长15.4%、26.7%、-2.1%和

10.6%。从县级财政科技拨款来看，2010年拨款635万元，占当年财政预算支出159000万元的0.40%；2011年拨款734.7万元，占当年财政预算支出166000万元的0.44%；2012年拨款723万元，占当年财政预算支出200500万元的0.36%；2013年拨款817万元，占当年财政预算支出223000万元的0.37%；2014年拨款721.34万元，占当年财政预算支出236000万元的0.31%。科技三项经费和科技拨款的年增长比例不高、不稳定，甚至出现负增长，离州委、州政府《关于贯彻落实建设创新型云南行动计划的实施意见》所规定的"县本级财政安排给县科技行政管理部门使用的科技经费较上年增长15%以上"和"县本级财政科技投入占本级财政一般预算支出不低于1.5%"的目标差距甚远。科普经费达不到总人口人均0.5元。科技投入来源途径少，投入来源仅限于地方财政，企业、民间投入很少。三是农业科技供给中的推广投入缺乏。一般发达国家农业科技推广经费占农业总产值的比重为0.6%，发展中国家为0.4%，我国不到0.2%。

（三）群众整体素质偏低

由于该县地处边疆贫困地区，受战争等诸多因素制约，科技和教育事业发展相对滞后，广大劳动者整体素质不高。加上近年来县外出务工的劳动力较多，绝大部分是年轻力壮的主要劳动力，留下来的是年迈体弱的老人，这部分人文化程度不高，科技意识较低，接受科技能力较慢，对推动产业发展的科技成果推广应用影响很大，科技成果推广受限。

（四）科技服务体系发展滞后

一是农技服务机构设置单一。目前富宁县农技推广机构是在县、乡镇设站所，在村级没有设置农技人员，科技成果绝大部分是通过该体制逐级推广。这种设置，在如今农村种养结构趋向复杂化，技术、品种更新周期缩短，生产规模大小悬殊的情况下，是不能满足农村技术需求多样化、个性化的服务需求的。加上基层科技人员大多数得到补充和更新知识的机会较少，知识结构趋势老化，掌握的技术十分有限，也是难以应对当前广阔农村对技术服务需求多样的局面。二是企业缺乏科研机构。该县十多家规模以上企业，只有金泰得药业和永鑫公司设有科研机构，其他中小企业根本就没有科研机构，企业缺乏科研机构设置意识。

而有科研机构的企业其科技人员大部分不是专业技术人员,也没有达到专职专用。这些问题和现象,对科技成果的引进、推广和应用质量影响特大。

(五)科普宣传设施和宣传手段落后

科普宣传工作是提高全县劳动者科技素质的主要途径,而科普宣传装备先进与否,关系到科普宣传质量,影响着人们准确接收科普知识。该县科普知识宣传设施只有展板、科普宣传栏和利用集市临时开展宣传和发放一些有限的科普资料,远远不能满足科技发展需要。科普宣传设施得不到更新,宣传方式单调,宣传形式不丰富,影响了科普知识的普及,是群众科技文化素质提高的障碍。

三 加快科技成果推广和应用的建议

(一)加大科技成果推广经费的投入

一是加大政府对科技的投入。科技成果推广应用是一项复杂的系统工程,同时也是一项风险性事业。首先政府应当把增加科技投入作为增强执政能力的具体体现,应当在科技成果转化和推广过程中起到良好的引导作用。没有政府作后盾,没有政府资助,单靠个人或企业投入,科技成果推广很难顺利进行。所以,要求财政将科技投入长期纳入财政预算支持框架,减少科技投入的随意性,使科技投入形成常态化,切实增加政府对科技的投入。并按照《云南省促进民族自治地方科学技术进步条例》规定,确保财政科技投入的增长幅度高于同级财政经常性收入的增长幅度,科技三项经费拨款要达到州委、州政府规定的占本级财政预算支出的1.5%以上。同时,恢复县农业科技推广投入经费财政拨款。二是充分发挥市场对科技资源配置的基础性作用,逐步形成能够激励企业投入、农民投入、社会其他主体参与的多元化科技投融资机制,使基层科技成为社会投资的重要领域。科技投入有了保障,才能实现科技成果的快速推广普及。

(二)加强建立科技示范推广基地

当前,农业生产方式从分散经营逐步向专业化、规模化、集约化方向转变,发展一村一品,一县一业的产业化经营模式,需要大量的科研成果精品和高水准的专业化技术服务。目前富宁县规划了几大园区建设，这符合科技成果转化必要原则，是十分可行的。特别像《睦伦农业科技示范园》这类园区，对作为以农业产业为主的县域经济发展其推动作用尤为突出。但是必须进一步加强园区的规划和建设，认真探索经营模式，建立起符合市场经济的运行机制。广泛吸引高新技术企业、高素质科技人才和科技项目到园区进行科研、中试、示范、培训和推广，形成一批适合当地和周边地区自然资源和社会经济条件的科技项目，为园区所在地提供新技术、新信息，展示新的经营方式和理念，提高科技成果转化效率。

(三) 建立与市场相适应的新型农村科技服务体系

农村科技服务体系是农村社会化服务体系的重要组成部分，要加强农村科技服务体系建设，使之成为科技成果的推广应用扩散通道。一方面要进一步强化县乡级科技推广部门的存在，在任何时候、任何情况下都不能动摇农业三站的职能作用，只能加强不能削弱，这是科技成果在农村得到推广普及的正确决策。如果条件成熟，应该还要高要求、高素质恢复设置全县村级农技员。一方面要加强培育和发展农村经济合作组织，在全县已经成立组建的200多个各产业的经济合作组织的基础上，还要继续加大培育力度，建立完善的规章制度，规范其运行行为，正确引导这些经济合作组织开展科技活动。确保建立以县站为龙头、乡镇站为中心、村级为基础和各级合作组织为补充的四级科技推广服务体系，有力推动科技成果的推广和应用。

(四) 要进一步强化科技人才队伍建设

人才是第一资源，是科技创新的基础和关键，是该县加快发展和可持续发展的支撑。一是要认真贯彻落实县委政府出台《关于创新体制机制加强人才工作实施方案》，按照政策规定和要求，努力培养创新型科技人才，增加富宁县科技人才总量和质量。二是认真执行《富宁县科学技术奖励办法》，提高奖励待遇，调动科技人员的工作积极性。三是提高科技人才自身素质。学习是培养人才的手段，实践是培养人才的关键。一方面要注重学习培训，要求科技人员每年都要参加知识更新培训，创造条件到科研院所跟班学习；另一方面要加强实践锻炼，科技人员要深入到生产第一线抓典型、树样板，增加实践经验，提高自身素质。

(五) 制定出台促进科技成果推广应用政策

在努力执行好《富宁县科学技术奖励办法》和《关于创新体制机制加强人才工作实施方案》以及各行业制定的促进产业发展的办法的同时，争取制定出台更多更实惠的科技政策措施。一是制定出台放活科技人员到生产第一线的相关政策；二是制定《加强科技自主创新能力的实施办法》；三是制定有利于科技人才脱颖而出的政策；四是制定科学合理的人才评价制度；五是设立科技计划专项资金和知识产权专项资金，专门扶持农副产品加工企业和特色产业如八角、甘蔗、油茶、水果、中药材、七醋的新产品开发；六是设立自主创新特殊贡献奖和实施专利奖，大力鼓励广大科技工作者在农业产业化发展进程中的创新发明，为农业产业化健康发展提供科技支撑。

(六) 建设信息技术服务网络

一是利用现有的"农事e网通"等网络技术为农民、企业等科技推广主体无偿提供科技信息；二是利用移动网络技术，以科技短信等形式为农民提供科技信息；三是在全县村村寨寨建立收听广播科学技术设施设备；四是村村寨寨建立科技信息网络系统，形成科技网吧，提供科技服务。

第三节　繁荣文体广播事业

一　基本情况

富宁县文广体旅局主要负责全县文化、体育、广播电视和旅游工作，现有文化馆、图书馆、纪念馆、民族文化工作队、电影事业管理中心、体育馆、广播电视台等7个直属单位。目前，全县有州级文物保护单位4处，县级文物保护单位14处。纪念馆馆藏文物1000余件。县图书馆有馆藏图书7.3万册。现有业余文化队伍30余个，各类文化经营单位60家，已建成乡镇综合文化站13个。现有广播电视转播台447座，其中县级骨干电视转播台1座，乡级电视转播台7座，村级电视转播台437座，调频广播发射台2座。

二 工作成效

"十二五"期间，富宁县以丰富人民群众文化生活，提高人民群众幸福指数为目标，不断加大城乡公共文化服务设施建设力度，尽力满足人民群众的精神文化需求。

(一)积极争取项目，公共文化服务体系日臻完善

坚持以县为主导，以乡镇为依托，以村为重点，以农户为对象，根据文化、体育、广播电视的不同特点，分类确定年度项目工作计划，积极争取省、地文化设施建设项目，逐步改善了县、乡、村三级文化基础设施和文化活动场所。目前，全县共建成乡镇文化广场5个；向农村赠送价值80万元的体育器材和全民健身路径设施设备。同时，多渠道争取乡镇综合文化站建设、农民体育健身、文化进村入户、农家书屋、文化信息资源共享、基层图书配送、农村"2131"电影放映、广播电视"村村通"等项目，社会效益日益凸显，有力地推动了农村文化事业的繁荣与发展。

(二)精心组织活动，群众文化生活不断丰富

坚持"文化主导、部门联姻、广泛参与"的原则，组织开展形式多样的文化活动。一是坚持开展每年的"送文化下乡"和珑端节活动，在重大节庆活动期间组织开展主题突出、特色鲜明、内容丰富的群众文化活动。近年，每年组织开展广场文化活动10场（次）以上，开展送戏下乡30余场（次），送图书下乡5000余册，送电影活动1000余场（次）。二是以青少年体育为重点，以群众体育健身为载体，以提高全民身体素质为目标，通过主办、承办和协办等方式大力开展全民健身活动，努力构建"亲民、便民、利民"的全民健身服务体系。三是积极组队参加省运会、地区"一县一赛"等一系列省、地级重大赛事活动，并取得了优异的成绩。县文化局组队参加第十四届省运会，富宁县运动员获得4枚金4枚银；积极组团参加滇桂两省（区）第七届老年人运动会，荣获本届运动会乒乓球项目的男子团体金牌；参加文山州武术健身操暨全州少年武术比赛，富宁县代表团勇夺各单项比赛1金4银5铜，同时荣获本次比赛团体铜牌，极大地丰富了群众生活，增强了人民体质。

(三) 强化服务意识，服务水平不断提升

一是为进一步做好群众文化辅导工作，在重大节庆活动期间，文化工作者深入农村、社区、学校、企事业单位开展文艺辅导工作，并结合实际编排了许多群众喜闻乐见的文艺节目。二是县图书馆内设的少儿阅览室、电子阅览室、报刊阅览室等均已免费开放，共接待读者18897人次，流通图书7648册。三是纪念馆充分发挥爱国主义教育和革命传统教育作用，实行免费对外开放，开展接待工作30次以上，参观人数达4800余人（次）。四是县民族文化工作队不断强化内部管理，提高工作人员素质，积极创作并编排了《彩虹》、《螺蛳姑娘》等一大批富有浓郁地方特色的节目，年均完成"三下乡"等各类演出50余场（次）。

(四) 加强文物管理，非物质文化遗产保护日趋规范

开展"全县壮剧辅导员培训班"，县民族文化工作队、县文化馆、乡镇文化站工作人员和民间壮戏班骨干参加了培训，加强壮剧业务学习，提高演出质量，扩大非遗保护队伍建设。组织"非物质文化遗产传承人座谈会"，增强传承人的荣誉感和使命感，鼓励传承人培养更多接班人；开展"坡芽文化进校园"活动，在剥隘、花甲、那能、郎恒小学设传承示范点，采取传承人在音乐课上授课、开设传唱班、兴趣小组等方式传承保护好富宁县的民族文化；认真做好非遗申报工作。深入洞波、板仑龙迈、龙洋、归朝老街、孟村等村寨及剥隘七醋厂采访收集图片、整理文字材料上报省州业务主管部门，2014年共成功申报6名省级非遗传承人。二是通过近几年的不断发掘，该县的民族民间文化得到了有效保护和传承，一批非物质文化遗产得到合理开发。截至目前，该县成功申报了76个非遗保护名录。其中，荣选国家级推荐项目1项（《坡芽情歌》），省级项目3项（"壮剧之乡"、"珑端节"、"跳宫节"），州级项目11项，县级项目21项。国家级代表性传承人1项（黄正武），省级代表性传承人10项（农凤妹、农学良等），州级代表性传承人24项（班艳春、黄加雄等），县级代表性传承人5项。共有36个项目，代表性传承人40个。国家级扩展项目"云南壮剧"的主要活动地就在富宁的归朝、剥隘、那能、者桑一带。三是依托民间传统刺绣工艺，通过举办培训班形式，加快发展民族刺绣产业，努力打造特色品牌。

(五) 加大对外宣传力度，努力树立亲民新形象

按照"内宣鼓劲，外宣树形"的要求，坚持正确的舆论导向，一是以学习贯彻党的十八大精神为主线，开设了"党的群众路线教育实践活动"、"记者走基层"、"美丽富宁"、"两整一提高"、"两会报道"、"共建文明和谐富宁"等专栏，为全县经济社会发展营造了积极健康的舆论氛围。同时，加大力度、深度和广度开展"走基层"和党的群众路线教育实践活动报道，以"走、转、改"为契机，走基层、转作风、改文风，不断提升新闻宣传的亲和力。二是完成云桂铁路富宁隧道塌方事故宣传报道工作任务，期间被中央电视台采用新闻稿件6条，云南电视台采用新闻稿件5条。三是深入推进《富宁新闻》电视栏目日播制，加强节目策划，加大民生节目报道，丰富节目内容，提升节目质量，增强节目的亲和力和可信度。四是结合第二批党的群众路线教育实践活动，在电视台开设了专栏，组织新闻记者深入一线开展采访报道工作，为全县开展党的群众路线教育实践活动的深入开展营造氛围。五是继续加大壮语栏目改版力度，2015年该栏目在内容上注重农村发展变化的典型引导，科技培训和新品种发展的指导，让栏目更好地服务"三农"。同时，结合富宁县"坡芽文化"打造，认真做好节目策划，发挥"喉舌"阵地作用，传承弘扬了民族优秀文化，为该县"柔情富宁—休闲壮乡"的打造作出了积极的贡献。通过采取措施，有效提高了自办节目质量，提高了节目采用率，内外宣传工作有声势，有特色，有亮点。

在"村村通"工程、农村中央广播电视节目无线覆盖工程等项目的支持下，全县的广播电视事业得到了快速发展，特别是农村广播电视事业呈现良好发展趋势。

(六) 坚持依法行政，确保文化工作健康发展

相关部门认真学习贯彻《文化市场行政执法管理办法》、《文物保护法》、《全民健身条例》、《广播电视管理条例》等法律法规，扎实开展法制宣传教育和依法治理工作。为切实解决富宁县网吧经营中存在的突出问题，维护广大人民群众的切身利益，为青少年健康成长营造良好的社会环境，建立了"日检查、周巡查、月大查、群众举报及时查"的工作机制。一是开展了"全县网吧集中整治"行动。自2014年以来，对全县网吧等文化经营场所进行了集中整治。二是认真开展校园周

边文化市场整治，努力打造平安、和谐的校园环境。严格禁止在中小学校周边200米内开办网吧、电子游艺和歌舞娱乐场所。三是深入开展"扫黄打非"专项治理。严厉打击校园周边贩卖非法图书音像制品的游商地摊，规范图书音像市场的经营秩序，使校园周边文化环境得到有效净化。

三　存在的困难和问题

（一）基础条件滞后

壮剧团房舍老旧，场馆面积狭窄，办公楼已成危房；文化馆练功房设备不齐，场地有限，功能作用难以发挥；纪念馆和电影事业管理中心已拆迁待重建。

（二）专业人才短缺

一是县级文化专业队伍人才奇缺，业务骨干年龄偏大，业务培训力度不够，存在严重的文化骨干后继乏人现象。二是县电视台由于缺乏专业人才，电视节目策划能力不强，制作水平不高，富有创意、画面优美的栏目少，影响了外宣工作的开展。

（三）资金投入不足

一是电视台设备老化，同上级台节目对接困难。目前电视台70%的播出、制作、摄像机等设备均购于90年代初，加之电子产品更新换代快等因素，目前带卡存量较大的摄像机只有2台，其余的都是老产品，带病工作，前端播出机、制作机、非编系统等设备都需更新配置，特别是播出无备播系统，一旦停电和系统故障，安全播出得不到保障。二是云南体育训练基地富宁基地建设资金缺口大，影响了整个工程建设进度。三是七彩云南全民健身工程和村级体育文化广场试点建设，工程建设资金紧张，土地难以协调，上级配套的项目资金无法满足建设实际需要。

（四）文化产业发展难度较大

由于富宁县发展文化产业社会基础薄弱，产业发展水平较低，整体实力不强，加之资金投入渠道和形式单一，存在文化产业从业人员少，生产总量小，举办大型书画、刺绣、剪纸、民间工艺作品、摄影等活动的难度较大，致使优秀人才和作品难以发现，珍贵的民间民俗文物资源得不到有效保护和利用。

（五）群众关注体育事业意识有待提高

一是富宁县单项体育教练员人才缺乏，制约了各单项全民健身活动的广泛开展。二是各乡（镇）级对开展全民健身活动的重视程度还不够，制约了基层群众开展全民健身活动的积极性。三是该县城乡体育彩票消费观念滞后，阻碍了全县体育彩票销售总销量的提升。

四 对策及建议

进一步加强文化基础设施建设和人才队伍建设，积极推进文化事业大发展、大繁荣，不断满足群众日益增长的精神文化需求。

（一）加强文化服务人才队伍建设

建议县政府研究解决文体广电系统新增岗位编制，采取多种形式配齐配强县级馆、站专业技术人员，配齐乡镇综合文化站和"农家书屋"管理人员，配备村级文化室协管员，解决人员不足的问题。

（二）加强文化场所基础设施建设

积极争取项目资金，按照国家建设标准，科学规划和设计建设县级纪念馆、民族文化工作队办公用房等；新建一批乡（镇）、村级体育活动场地和文化活动室，逐步实现"乡乡有文化站、村村有文体活动场所"的目标；配齐乡镇综合文化站的文化设备。

（三）不断丰富群众文化生活

充分利用现有的文化、体育活动场所组织举办形式多样、内容丰富的群众文体活动，不断丰富和满足广大群众日益增长的精神文化需求。

（四）尽力抢救和保护历史文化遗产

按照"保护为主、抢救第一、合理利用、加强管理、传承发展"的方针，进一步做好文物保护和非物质文化遗产重要项目、重要传承人、重要代表作及技艺的抢救和保护工作，确保文化遗产的真实性和完整性，使悠久的历史文物和优秀民族民间文化得到全面发展。

（五）大力发展文化产业

充分挖掘和利用该县文化资源优势，打造特色文化品牌产业。开展坡芽文化农庄创建工作，将坡芽村建设成为"稻作文化美丽乡村、壮族传统手工艺产品窗口、壮族民歌活态博物馆"的特色文化庄园。既有游客休闲的文化娱乐活动的体验区,又有专家调研、学者考察的壮族习俗活态传承保护区。多层次、多定位地满足"吃、住、行、游、购、娱"顾客需求,营造独具壮乡文化风格、休息娱乐方式多样的坡芽新村。

(六)大力发展体育事业

一是继续抓好业余体育训练工作,做好社会体育指导员和教练员的业务知识培训,提高社会体育指导员、教练员的业务能力和执教水平。二是继续做好竞技体育工作,加大竞技体育后备人才的培育力度。三是继续做好体育彩票销售工作,提升全县体育彩票销售量。四是继续抓好体育人才队伍建设,为云南体育训练基地富宁基地、全民健身活动奠定专业人才基础。五是继续组织申报承办国家级、省级、州级体育赛事,增强综合体育赛事的组织能力建设,扩大富宁影响。

第四节 健全就业和社会保障体系

富宁县民政工作在县委、县政府的正确领导和省、州民政部门的具体指导下,坚持"以民为本、为民解困、为民服务"的工作宗旨,深入贯彻党的十八大、十八届三中全会、四中全会精神,积极争取资金,加大基础设施建设,努力提高民生保障水平,有力地推动了富宁县民政事业快速发展,全县民政工作在解决社会问题,调解社会矛盾,维护社会公平,巩固基层民主,维护困难群体基本生活,保持社会和谐稳定方面发挥了重要作用。

一 加大基础设施建设,保障能力进一步增强

(一)认真落实县城社会福利院建设

计划投入5000万元建设县城社会福利院。

(二)实现全县所有村委会日间照料中心建设全覆盖

计划在村级建成144个村级居家养老日间照料中心,累计投入资金11520万元。

(三)农村公益性公墓建设实现村村享受

计划投入1.42亿元建设142个村委会农村公益性公墓建设。

(四)完成富宁县救助站的建设并投入使用

计划对富宁县救助站进行改建和扩建,投入资金800万元。

二 加大社会救助资金投入，救助能力进一步提升

抢抓中央和省、州加大对民生基础设施投入的机遇，储备一批关乎民生的大项目，积极做好项目衔接争取工作，争取更多的项目和资金投入。同时，多渠道筹措资金，加大投入力度，努力提高民生保障水平。

（一）继续加大城乡低保救助投入

投入8.7亿元把符合农村低保条件的87208名农村居民纳入农村低保救助范围，投入1.89亿元把符合城市低保条件的9000名城市居民纳入城市低保救助范围。

（二）继续加大医疗救助力度

（1）重点对城乡低保、农村五保对象实施医疗救助，累计投入7500万元，对因病或患重特大疾病城乡低保等符合救助条件的困难群众实施救助，患重特大病种救助比例不低于60%；（2）扩大重特大疾病救助病种范围；（3）对符合救助对象的城乡低保对象、五保对象、边民等困难居民全额资助参加新农合和居民医疗保险，累计投入医疗救助资金3750万元，受益群众48.1万人。

（三）继续做好沿边定居群众补助

继续将边境沿线7个村委会6381户农户纳入艰苦落后地区生活补贴范围，共投资638.1万元，受益6381户26573人。

三 加大监督检查，管理措施进一步强化

实行重点工作、重点项目建设倒逼管理，加大对各项工作的督促检查力度，确保各项工作落实到位。加强资金管理发放，定期会同财政、审计、监察等部门对各项民政惠农资金管理发放进行监督检查，跟踪问效，确保资金按时足额发放到位和运行安全。

四 加大宣传力度，工作氛围进一步改善

充分利用广播电视、宣传栏、张贴标语、发放宣传资料、开展现场宣传活动等形式，广泛开展民政惠农政策宣传，使之家喻户晓。同时，加强对外交流，做好民政工作对外宣传工作，提高全县民政工作对内对外影响力，营造有利于民政工作的良好舆论氛围。

五 加强组织领导，任务目标进一步明确

据《社会救助暂行办法》规定，结合县域实际，制定和完善城乡低保、医疗救助、五保供养和临时救助等各项制度。

积极主动向县委政府和省州部门请示汇报工作，争取上级领导对全县民政工作的重视，继续将民政工作任务目标纳入年度目标管理考核内容，对各项工作任务目标进行细化，分解到各乡镇、到各股室、到具体工作人员，层层签订目标管理责任书，做到目标任务明确，工作责任明确，考核奖惩明确。

"十二五"发展期间，富宁县高度重视社会保障。认真做好就业创业扶持，发放小型企业贷款、"贷免扶补"、小额担保贷款3700万元以上，扶持创业600人以上，带动就业万人以上。抓好在建850套和新开工300套保障性住房及配套设施建设，发放租赁补贴700户。建立完善社会救助、社会帮扶体系，扩大养老、工伤、生育、失业、医疗五项保险和城乡低保覆盖面。抓好农村留守儿童、妇女、老年人、残疾人、失地农民等弱势群体权益保障。

继续实施扶企稳岗政策，加强企业裁员监控，拓宽就业渠道，积极开发就业岗位，引导富余劳动力向二、三产业转移。加大鼓励创业带动就业工作力度，扶持更多的失业人员、农民工成功创业，带动就业，实现就业倍增效应。进一步培育和发展人力资源市场，加大职业技能培训，推进再就业援助工作，加强劳动用工管理，加大收入分配调节力度，保障劳动者的合法权益。深入贯彻实施《社会保险法》，增加财政对社会保险的投入，多渠道筹措社会保障基金，逐步做实个人账户，提高个体、私营企业养老保险的参保率，实现现行的"低标准"基本养老保险与企业职工基本养老保险制度接轨，重视对计划生育家庭社会养老政策的落实，城乡企业职工基本养老保险覆盖率达到90%以上。加大社会保障投入力度，推进乡（镇）敬老院、县级社会福利院、妇女儿童维权中心等社会保障基础设施建设，完善保障农村特困群体生活的基础体系。优化住房供应结构，适度发展廉租房和城市公共租赁房，保障城镇低收入家庭的基本住房需求。抓好食品价格的监测和预警，改革生产、流通体制，调整副食品供给结构，保持事关民生的食品价格稳

定。推进新型农村合作医疗与城镇职工基本医疗保险的接轨，实现城乡社会医疗保险一体化，探索生育保险和医疗保险协同推进的模式。规范城市生活无着的流浪乞讨人员救助制度，为流浪乞讨人员提供临时救助。重视民政救灾工作，支持社会慈善等社会扶助活动。保障妇女儿童权益，关心老年人事业，发展残疾人事业。

第五节 深化医药卫生体制综合改革，提高人民健康水平

"十二五"期间，富宁县以实现人人享有基本医疗卫生服务为目标，扎实推进医药卫生体制改革，加大对卫生事业的投入，统筹规划和整合城乡医疗卫生资源，优化区域卫生资源配置，加强县、乡、村三级医疗卫生服务网络建设。继续深化医药卫生体制改革，巩固县人民医院二级甲等综合医院创建成果，抓好乡镇卫生院、农村卫生室标准化建设和医疗技术人才引进、培养，提高基本公共卫生服务均等化水平。

重点改扩建县人民医院、县妇幼保健院、县皮防站，新建富宁县中医院，建设好田蓬国门卫生院，归朝、木央中心医院，抓好其他乡（镇）卫生院建设，在群众经常性集散地和县城社区试点建设中心村卫生室，建好建大145个行政村卫生室。坚持公共医疗卫生的公益性质，坚持预防为主，政事分开、管办分开、医药分开，营利性与非营利性分开，强化政府责任和投入，努力实现政府主导与发挥市场机制相结合，建设覆盖城乡居民的基本医疗卫生制度，不断提高全民健康水平。建立健全突发公共卫生事件应急机制、疾病预防控制体系和卫生执法监督体系，提高疾病预防控制能力。加强卫生机构人员医疗技术服务水平，引进一批素质高、业务精的专业技术人才，提高卫生综合服务水平。加强妇幼卫生保健，提高孕产妇入院分娩率，婴儿死亡率控制在13%。大力推行食品、药品诚信工程建设，整顿药品生产和流通秩序，强化食品、药品安全监督管理，加快村级"便民药柜"的建设步伐，保证医药秩序正常有序。

一 继续深化医药卫生体制改革,构建可持续的卫生事业发展机制

(一) 以均等化为目标,全面推进公共卫生服务体系建设

一是建立健全疾病预防控制、健康教育、妇幼保健、皮肤病防治、精神卫生、应急救治、采供血、卫生监督等公共卫生服务网络。并与基层医疗卫生服务体系建立互动机制,实现信息互通,资源共享,提高公共卫生服务能力。明确县公共卫生服务范围及服务项目,促进城乡居民享有均等化的公共卫生服务。

二是建立健全各级突发公共卫生事件应急机制,加强对严重威胁人民群众健康的重大传染病、地方病和慢性病的防治。

三是加强健康促进与教育,倡导健康文明的生活方式,深入开展爱国卫生运动,将农村环境卫生和环境污染治理纳入社会主义新农村建设规划,推动卫生城市和文明村镇建设。

(二) 以增强服务能力为着力点,进一步完善医疗服务体系建设

一是加强基础设施建设。加大投入,通过调整财政支出结构,加强疾病预防控制体系、应急医疗救治体系和卫生执法监督体系建设,建立统一、高效、快速、准确的疫情报告系统、应急指挥系统和执法监督系统,有效地应对重大突发公共卫生事件。到2020年,积极争取项目资金,完成县保健院、县皮防站、县疾控中心和板仑、剥隘和里达卫生院等业务用房建设工作,力争建成县中医院并投入使用,完成对新华卫生院和木央第二卫生院的整体搬迁工作;进一步改扩建村卫生室,确保标准化卫生室实现全覆盖。

二是大力加强农村医疗卫生服务体系建设。加快建立和完善以县医院为龙头、乡镇卫生院为骨干、村卫生室为基础的农村三级医疗服务网络。县医院作为县域内的医疗服务技术中心,主要负责以住院为主的基本医疗服务及危重病人的抢救,并承担乡村卫生机构的业务技术指导和乡村卫生人员的进修培训。乡镇卫生院负责提供公共卫生服务及常见病、多发病的诊疗,并承担对村卫生室的业务管理和技术指导,村卫生室承担行政村的公共卫生服务及一般性疾病的诊疗工作。

三是完善以社区卫生服务为基础的城市医疗卫生服务体系。加快建

设以社区卫生服务中心城市社区卫生服务网络，完善社区卫生服务功能，以社区居民为服务对象，提供疾病预防公共卫生服务和一般常见病、多发病、慢性病管理和康复服务，转变社区服务模式，推行家庭医生上门服务方式。

四是继续推进县医院、妇幼保健院等县级医疗卫生服务机构建设，并与乡、村两级医疗卫生机构进行多种形式的合作，提高农村卫生服务能力。县医院与辖区内的乡镇卫生院建立长期稳定的对口支援和合作制度。

五是鼓励多方办医，努力增加医疗卫生资源，鼓励社会组织、企业或个人，用资金、实物、土地使用权、知识产权及其他财产作为投资，举办非营利性、慈善性或营利性医疗机构。

（三）以健全基本药物制度为抓手，不断完善药品供应保障体系

一是继续深入实施国家基本药物制度，基本药物实行招标采购，统一配送等方式，确保基本药物的供应。各乡镇卫生院继续实行基本药物零差率销售，县级各医疗机构基本药物的使用比例要达到国家的有关要求，进一步减轻群众药品费用负担。

二是完善医药产业发展政策和行业发展规划。加强宏观调控，推动医药产业优化等级和技术进步，鼓励发展药品现代物流和连锁经营，促进药品流通企业整合。

（四）以群众受益为核心，进一步巩固和健全医疗保障体系

一是建立覆盖城乡居民的基本医疗保障体系。城镇职工基本医疗保险，城镇居民基本医疗保险，新型农村合作医疗和城乡医疗救助共同组成的基本医疗保障体系，分别覆盖城镇就业人口、城镇非就业人口、农村人口和城乡困难人群。坚持广覆盖、保基本、多层次、可持续的原则，从重点保障大病起步，并逐步向门诊小病延伸。建立国家、单位、家庭和个人责任明确，分担合理的多渠道筹资机制，实现社会互助共济。

二是进一步完善城镇职工和城乡居民基本医疗保险制度。不断扩大覆盖面，重点解决国有困难企业、关闭破产企业等职工和退休人员以及非公有制企业和灵活就业人员的医疗保障问题。全面推进城镇居民基本医疗保险试点。加快实施新型农村合作医疗制度，逐步提高政府补助水

平和农民缴费水平,提高保障能力,完善城乡医疗救助制度,对困难人群参保和医疗费用提供补助,筑牢医疗保障底线。

三是鼓励商业保险机构开发适应不同要求的健康保险产品,满足高端和多样的健康需求。

(五)积极探索县级公立医院改革

要从管理体制、运行机制、补偿机制和监管机制等方面着手,积极探索县级公立医院改革工作。继续深化以全员聘用制度和岗位管理制度为主要内容的人事分配制度改革,充分调动医务人员的积极性,提高医院规范化管理水平。要改革管理体制。按照政事分开、管办分开的原则,合理确定政府与医疗卫生机构的职责范围,形成职能明确,定位清晰,综合协调、权责统一的管理体制;要创新干部人事和分配制度。改进医疗机构管理者选拔任用办法和管理方式。公立医疗机构实行院长"公选制"、"职工聘用制"、"绩效工资制"。院长、副院长任职资格条件由卫生行政部门制定,按组织程序公开选拔任用。职工按照公开、平等、竞争和择优的原则,实行全员聘用。院长、副院长的报酬,在执行国家规定的基本工资制度的基础上,与社会效益和经营效益挂钩,或试行年薪制,职工实行以服务质量及岗位工作量为主的综合绩效考核和岗位绩效工资制度,有效调动职工积极性。到2020年,将完成全县医疗卫生单位岗位管理人事制度改革,规范医疗卫生单位岗位设置管理,建立健全医疗卫生岗位管理制度,深化事业单位人事制度改革。

二 健全公共卫生服务体系,提高公共卫生保障能力

(一)疾病预防控制工作

一是加强对鼠疫、霍乱、甲型H1N1等传染病的防控。认真落实重点传染病的监测、预警和预报,把疫情消灭在萌芽状态中,巩固全县"十二五"期间无甲类传染病发生成果。继续落实计划年度目标考核和责任追究制度,强化外来务工人员和流动人员计划免疫管理和乙肝疫苗接种工作,消除免疫空白区。加强地方病、寄生虫病、职业病防治工作,建立健全慢性病防治网络和监测网络,加强慢性病防治工作。二是按照国家核定的标准和疾病预防控制机构及传染病区建设要求,积极筹措资金加强业务用房建设,购置所需的仪器设备、完成各传染病区建

设。县疾病预防控制中心通过实验室建设和职业病卫生资质认定，进一步提高全县的突发公共卫生事件应急处置能力。

（二）艾滋病防治工作

一是进一步落实防治艾滋病宣传、监测、干预、治疗及关爱等工作措施，巩固和扩大防治战果，确保推广以家庭为基础、社区为依托、专业机构为指导的艾滋病综合防治模式；继续加强宣传教育，开展防治艾滋病知识宣传和政策培训，开展进村入户宣传教育，力争城市居民和农村群众防治知晓率分别到达95%和85%，控制艾滋病向农村、向普通人群传播。二是继续加大对艾滋病防治的投入，积极争取国际合作项目，切实落实工作经费和项目配套资金。加强项目的管理，建立健全防治工作的长效机制，推动防治工作全面深入开展，努力控制全县艾滋病的流行蔓延。

（三）妇幼保健工作

完善妇幼保健体系建设，重点扶持县级妇幼保健机构服务能力建设，使之成为全县保健业务指导中心。建立农村孕产妇住院分娩的长效机制，健全妇幼卫生专项救助制度。加大对贫困孕产妇和儿童的治疗救助力度。降低孕产妇、婴儿及5岁以下儿童死亡率。实施专项救助与医疗保险、新农合相衔接，对妇女儿童提供安全、有效、优质的卫生服务。

（四）麻风病防治工作

认真做好麻风病病人的发现工作，做到早诊断、早治疗；认真开展麻风病病人的畸残康复工作，降低畸残率；建设县皮肤病防治所业务用房。

（五）卫生监督执法工作

实施全行业统一监督执法，建立权责明确、行为规范、监督有效、保障有力的综合卫生监督执法机构。建设卫生监督机构业务用房，配置卫生监督需要的通信设备和现场检测设备，改善监督执法条件和技术手段，打击和惩处各种违反卫生法律法规的行为，提高执法水平，使各项卫生法律法规得到有效实施。

（六）公共卫生信息网络工作

在乡镇卫生院、社区卫生机构配备电脑，在现有疫情网络的基础上，把网络连接到乡、村和社区，建立统一、高效、快捷、准确的疫情信息报告网络。

三 大力发展社区卫生服务，构建新型城市医疗卫生服务体系

为居民提供安全、有效、方便、健康的基本卫生服务，是新型城市社区卫生服务的功能之一，调整城市医疗服务结构的重点是大力发展社区卫生服务。构建社区卫生服务为基础，城市医院和预防保健机构与社区卫生服务机构分工合理、协作密切、互为补充、双向转诊的新型城市两级医疗卫生服务体系，是未来几年卫生工作的重点之一。

坚持政府主导，鼓励社会参与，建立健全社区卫生服务网络，坚持公共卫生和基本医疗并重，中西医并重、防治结合原则，把社区卫生服务发展纳入社区建设总体规划，统筹实施，加大对社区卫生服务机构基础设施、设备、人才培养的投入力度，建立稳定的经费保障制度。

按照规划要求，到2020年，富宁县将建成1所社区卫生服务中心，4所社区卫生服务站。

四 加强卫生人才队伍建设，构建卫生科技创新体系

按照《中共中央国务院关于进一步加强人才工作的决定》的要求，到2020年，建立起一支与全县卫生事业发展相适应的卫生人才队伍，使全县卫生人才队伍的主要指标接近全州平均水平。

一是树立科学人才观，加快实施人才兴卫战略。树立"以人为本"、"人才资源是第一资源"的观念，加大对卫生人才队伍建设工作的舆论宣传，努力创造"尊重知识、尊重人才"的良好环境和氛围。

二是坚持引进与培养并举，壮大人才群体规模。到2020年，全县计划引进本科学历以上紧缺专业技术人才60名，招聘专科学历和特殊岗位卫生专业技术人才180名。通过加强人才培训，开展在职学历教育，到2020年，40%的乡村医生具备中专以上学历；乡级卫生院50%的卫生技术人员达到专科以上学历；县级医疗卫生机构60%以上卫生技术人员达到专科以上学历。

三是以培养中青年卫生专业人才为重点。到2020年达到有5名左

右的中青年卫生技术人员成为州内医疗、疾控、保健等方面的高层次学术带头人，有20名左右的卫生技术人员成为全州卫生系统医疗、疾控、保健的中青年学术技术骨干。

五　加强医院管理，提高医疗机构服务能力

一是以医疗质量和医疗安全为核心，严格医疗机构、技术准入，加强医务人员执业资格管理。完善基础医疗和护理管理规范，执行《抗菌药物临床应用指导原则》，提高抗菌药的临床合理应用水平。按照《处方管理办法》、《国家基本用药目录》的要求，规范医疗服务行为，坚持合理检查、合理用药、因病施治。落实护士配备标准、规范护士执业行为，严格执行临床技术操作规范。强化医院临床实验室质量管理，提高临床检验水平。规范消毒、灭菌、隔离与医疗废物管理工作。改善患者就医环境，优化服务流程，方便群众就医，杜绝非法采供血，加强临床科学合理用血管理。

二是加强医疗卫生行业监管，整顿和规范医疗秩序。加强医疗机构监管，提高医疗服务质量，确保医疗服务安全，完善医疗机构服务评价标准和办法，建立医疗机构服务质量，执业行为，医院管理等综合考核制度，并向社会公布，接受人民群众的监督。

三是严格医院预算管理。加强成本核算与控制。加强财务监管和运行监督，严格资金收支管理。实行同级医疗机构检验结果互认，归并医疗服务项目，探索按诊断机关分类、单病种收费、临床路径管理等办法，控制医疗服务费总量，减轻群众就医负担。

第六节　完善人才培养制度，建设高素质人才队伍

"十年树木，百年树人"。人才培养是一项系统工程，要靠制度作保障，要靠长期持续的系统培养。"十二五"期间，富宁县以创新人才工作体制机制为主线，以促进产业发展为核心，以加快人才发展体制机制和政策创新为抓手，以统筹推进各类人才队伍建设为目标，不断创新工作思路，强化工作措施，狠抓工作落实，全力推进"人才强县"战

略的实施，全面提升全县人才工作科学化水平。

一 构建党管人才协调联动机制

一是调整充实县人才工作领导小组成员及成员单位，理顺成员单位工作职责，建立完善统分结合、职责明晰、协调有力、运转高效的人才工作体制机制。二是制定《关于进一步加强党管人才工作的实施意见》，全面落实党管人才原则，创新党管人才领导体制机制和方式方法，发挥好组织部门牵头抓总职能作用，履行好管宏观、管政策、管协调、管服务职责，建立完善县委、人大、政府、政协领导班子联系优秀人才机制，积极构建党委统一领导，组织部门牵头抓总，职能部门各司其职、密切配合，社会各界广泛参与的人才工作新格局。

二 建立人才培养培训机制

一是制定《富宁县中长期人才发展规划（2011—2020年）》，并于每年年初制定下发年度人才工作要点及干部教育培训计划，将人才工作目标任务分解细化，明确人才工作领导小组各成员单位的主要任务，为抓好人才各项工作奠定了良好基础。二是制定《关于创新体制机制加强人才工作的实施意见》，进一步形成具有富宁特色和区域竞争力的人才制度优势，激发各类人才干事创业热情。三是制定《富宁县选派优秀年轻干部挂职锻炼暂行办法》，让他们开眼界、拓思维、谋计策、增才干、求发展，为全县经济社会科学发展和谐发展跨越发展提供强有力的人才保障和智力支持。

三 健全人才激励机制

一是制定《富宁县人才评选奖励办法（试行）》，每年从党政人才、专业技术人才、企业经营管理人才、职业技能人才和农村实用人才五类人才中各评选2名优秀人才进行表彰奖励，充分调动各类人才的积极性和创造性。二是制定《富宁县党政机关、事业单位、村（社区）在职人员攻读学历（学位）资助奖励办法（试行）》，鼓励广大在职人员不断加强学习，营造育才、用才的良好氛围。三是修改完善《富宁县科学技术奖励办法（试行）》，进一步健全和完善公开、公正、公平的评审程序。四是制定、修改完善《富宁县种植养殖大户以奖代补扶持办法（修订）》、《富宁县罗非鱼进厂奖励办法（试行）》、《富宁县养牛产业奖励办法（试行）》、《富宁县甘蔗种植扶持办法（试行）》，为加快富宁县种植养殖产业发展步伐，推进种植养殖业规模化、产业化进程，促进农业增效、农民增收、农村发展奠定了坚实基础，营造了支持和激励农村实用人才干事创业的良好氛围。

四 创新人才引进机制

制定《富宁县人才引进工作暂行办法》、《富宁县引进紧缺高中教师管理考核实施办法（试行）》，本着"不求所有、但求所用，不求所在、但求所为"的原则，坚持引人与引智相结合、当前与长远相结合的原则。明确了引进对象和条件、工作体制和基本原则、引进程序和方式、优惠政策、服务管理等，进一步加大人才引进工作力度，促进了全县经济社会平稳较快发展。

五 完善人才流动机制

完善《富宁县机关事业单位工作人员调（流）动管理办法》，对具体原则、管理范围及权限、工作程序及纪律等方面作出了明确规定，并采取措施进一步盘活机关、事业单位现有人才资源，努力实现人才资源合理配置，促进各类人才队伍结构得到不断优化。

第六章

全面深化改革进程中富宁县生态文明建设

第一节 美丽边疆梦——富宁生态文明建设推进状况

保护环境，推进生态文明建设，是经济社会发展的大趋势。富宁县全县土地面积5352平方公里，山区占96%，最高海拔1851米，最低海拔142米。全县年均气温19.3℃，冬无严寒，夏无酷暑，四季不分明，为典型的低纬度高原季风气候，县域内雨量充沛，年降雨量1200毫米，相对湿度76%，县内林地资源丰富，土地肥沃，适宜多种树种生长。据2005年森林资源二类调查结果，全县林业用地面积为556万亩，其中：林地面积298.3万亩，占53.66%；活立木蓄积量726.7万立方米；林分面积平均蓄积量2.63立方米。2013年，全县森林覆盖率达52.02%。

富宁县坚定不移走绿色发展、循环发展、低碳发展路子，大力发展太阳能、风能、沼气、光伏发电等新型清洁能源。做好城乡"两污"基础设施建设，加大农村环境和石漠化综合治理、退耕还林，积极发展种植油茶、八角、速生丰产林等造林增绿、产业兴绿工程。出台富宁县珍稀野生动植物保护管理办法，加大对国家公益林、自然景区的保护力度，全力构筑滇东南绿色生态屏障，为推进美丽新富宁建设提供优美环境。

坚持以生态文明理念引领经济社会发展，努力使富宁的天更蓝、地更绿、水更清，人与自然更加和谐。优化国土空间开发格局，按照人口资源环境相均衡、经济社会生态效益相统一的原则，构建科学合理的城市开发、产业发展、生态安全格局。加大工业园区、矿区等重点领域的环境污染整治，减少污染排放，降低资源消耗。加强水源地保护和用水总量管理，实施重大生态修复工程，加快推进石漠化、水土流失综合治理，逐步启动集镇"两污"项目规划实施。加强生态文明制度建设，建立健全生态保护监管机制，全面实施植树造林工程，加大对架街生态湿地、驮娘江自然保护区等重点生态区域和普厅河、那马河等重点流域的保护，落实资源有偿使用和生态补偿制度，依法严厉打击非法排污和破坏生态环境的行为，坚决走绿色低碳发展的道路。

生态优先、绿色发展，城乡人居环境发生新变化。坚持把生态文明建设融入经济、政治、文化和社会建设全过程，全面提升生态文明建设水平，为云南争当全国生态文明建设排头兵作出贡献。一是发展生态经济。加快板仑冶金建材加工区、归朝生物资源加工区配套基础设施建设、矿产资源"两整一提高"等重点领域环境污染防治，推进资源整合和永鑫糖厂技术改造，淘汰落后产能，减少资源消耗和污染物排放。二是优化生态环境。加大对架街生态湿地、驮娘江自然保护区等重点生态区域和普厅河、那马河等重点流域的保护，落实资源有偿使用和生态补偿制度，依法严厉打击非法排污和破坏生态环境的行为，坚决走绿色低碳发展的道路。加强水源地保护和用水总量管理，加快推进石漠化、水土流失综合治理，启动一批集镇"两污"项目规划实施。严格耕地保护和节约集约用地制度，深入推进山地城镇和低丘缓坡土地综合开发利用试点工作。加大地震、滑坡、泥石流等灾害综合防治力度，全面推进退耕还林、水土保持、陡坡地生态治理等生态工程。三是弘扬生态文化。营造珍惜自然、爱护环境、崇尚生态的良好社会氛围，进一步提高富宁的美丽指数、幸福指数。

完成百越公园、富州广场、月亮滩等景观树种的补植补种，县城绿化率达31%。完成石漠化片区治理5.3万亩，新增植树造林面积13.1万亩，木利小流域、清华洞库区水土保持综合治理项目顺利完工，城乡环境进一步改善。

突出抓造林绿化，营造林工作取得新进展。一是狠抓产业用苗种苗培育，重点工程造林苗木准备充足。按照"造林未到、种苗先行"的原则，结合全县产业发展规划，督促和指导种苗生产企业依法、规范培育造林苗木。2013年，全县共建有苗圃4个，育苗面积311亩，累计采收及出库油茶种子共计5.6万公斤，嫁接油茶苗1148万株，共计发放油茶苗木826万株，核桃苗木30.87万株。全县木本油料产业用苗自给率达100%。二是依托各项林业生态工程建设，大力开展造林绿化工作。全年完成营造林11.3253万亩，其中：人工造林9.2452万亩，封山育林2.0801万亩；完成义务植树100万株；完成低效林改造5万亩，石漠化综合治理人工造林0.5452万亩。

突出抓管护并举，森林资源保护得到加强。继续坚持一手抓森林资源培育，一手抓森林资源保护，两手抓、两手硬的方针，不断加大森林资源保护力度，努力巩固造林绿化成果。（1）森林防火工作再创佳绩。认真贯彻"预防为主、积极消灭"的工作方针，全面落实防火行政首长负责制，推行森林防火工作责任包村、定组、联户"三级防控"措施，实行分片包干责任制，开展森林防火宣传教育与培训，及时排查清除火灾隐患，对野外火源实施有效管控，加强物资储备、扑火队伍、防火基础建设，落实"三三"制防火经费，严厉查处野外违规用火，推行政策性火灾保险，全县森林防火工作取得了阶段性成效。全县共签订森林防火目标管理各种责任状2178份；广泛开展各类森林防火宣传教育活动，举办培训18期1850人；排查清理火灾隐患5处，查处违规用火11起；实施人工增雨作业降低森林火险等级，发射人工增雨火箭弹48发；充实县、乡、村防火队员，扑火队伍达到了配置要求；办理公益林和商品林政策性火灾保险总面积460.66万亩，交纳保险金162.01万元；实施了总长27.65公里，宽30米，面积1244.52亩的森林防火阻隔带建设项目，增强了火灾防控能力。防火期，被监控卫星热点13个，处理火情29起，火案查处率和林火当日扑灭率为98%，全县全年无重、特大森林火灾和人员伤亡现象，森林火灾控制及管理指标在州下达的控制范围内，森林防火工作获全州一等奖。（2）依法依规开展林政管理工作。整合木材检查站工作人员，成立林政稽查队，配备了执法车辆、计算机等办公设备，并加大执法人员培训，不断增强执法队伍力量和提高综合素质能力；严格林木采伐审核审批管理，坚持凭林权证申请采伐，依法发放林木采伐许可证，规范林木采伐指标分配，实行采伐指标分配公示制度，接受社会监督。2013年，通过农事e网通阳光办理采伐许可证978份，共计林木蓄积量31.8590万立方米（含金光公司部分）；依法办理征占用林地上报审批7起，共审批临时占用林地683.31亩，永久占用林地20.89亩；开展木材经营加工市场整顿，依法保留38家木材经营加工企业；依法查处破坏森林资源案件15起林政案件，处理违法人员15人，收缴违法木材53立方米，林政案件发案数较2012年下降了10个百分点。（3）有序开展林业有害生物防治检疫。全年完成有害生物监测面积140.6万亩，监测覆盖率为100%，发布有害生物预测预报5次共75份，预测主要有害生物发生面积3.95万亩，实际发生面积3.471万亩，发生率为0.74%，测报准确率86.8%。利用生物、人工、化防等方法防治有害生物面积3.331万亩，防治率为97.12%；无公害防治面积3.23万亩，无公害防治率97%；实施产地检疫种苗面积800亩，种苗产地检疫率100%；实施调运检疫商品木材8.6万立方米，苗木143万株，繁殖材料420斤，种子14吨，复检苗木10万株，复检种子22吨；完成松材线虫病松林资源普查面积4.6万亩，检疫松木11408立方米。（4）加大野生动植物保护。开展了"保护候鸟迁徙专项联合执法行动"和"爱鸟周"宣传活动，在餐饮行业场所、销售候鸟集贸市场、候鸟迁徙区等场所开展检查，打击猎捕、贩卖、食用候鸟违法行为；利用野生动物疫源疫病监测点做好疫情监测，落实野生动物疫源疫病报告制度，实行每日10点零报告，确保信息畅通和有效开展突发性疫情防治工作，杜绝H7N9禽流感等疫情的入境传播和蔓延；配合相关部门开展联合执法15次，收缴网具2张，放生野生动物1000余只；开展野生动物肇事调查，统计受损农作物面积849.6亩，农作物产量127410公斤。并积极向上级汇报争取农户补偿资金；对辖区内的濒危树种蒜头果、西畴青冈、水松和喙核桃等极小种群物种实施了积极有效的保护措施。（5）大力推行农村能源建设节能降耗。始终把农村能源建设作为保护森林资源、促进节能减排、改善生态环境、促进农民增收，提高农村生活质量的重要举措来抓，按照统筹规划，合理布局的原则，结合退耕还林等林业生态工程的实施，以扶贫挂钩点、山瑶村寨、新农村建设点为重点，实施沼气池、太阳能热水器、节柴改灶等农村能源建设，全年共完成沼气池建设180口，太阳能热水器900户，节柴改灶30户，实现年节约薪柴1728吨，有效减少了森林消耗，保护了森林资源，并在木央、田蓬等乡镇组建了沼气池建设后续管理服务队，加强沼气池后续使用管理。（6）认真落实森林生态公益林政策。完成国家和省级公益林面积核查，督促相关乡镇做好管护合同的签订、落实管护人员、管理责任；组织对公益林存在落界不协调及省界接边存在问题的图班进行校核完善和现地核查，检查和修正799个问题小班；划拨各乡镇上年度公益林补偿金及管护员工资共计7767676.93元，其中国家级5844040元，省级1923636.93元，资金兑现率为100%；并联合县财政局开展了公益林管护、资金使用、档案管理情况的检查考核工作。（7）扎实做好林地林权管理。2013年共依法办理林权变更（继承、互换）3起14宗，面积563.9亩；林权流转22宗，面积10222.8亩。办理林权抵押贷款登记20起，涉及林地面积12031.67亩，贷款金额为1566万元；办理信访件31起，办结24起，调处涉林纠纷15起。

突出抓林业重点工程，生态建设稳步推进。积极做好林业重点工程项目的储备，并主动与向上级业务主管部门对接申报项目，努力争取上级资金加快全县林业生态建设步伐。（1）退耕还林工程。完成退耕还林人工造林3.9万亩（其中：属跨年度实施0.5万亩，巩固退耕还林成果人工造林3.4万亩），补植补造0.47万亩，分别占任务数的100%，树种为油茶、核桃和旱冬瓜；实施陡坡地生态治理1万亩，并通过验收；完成安装农村能源太阳能350户并投入使用，开展后续产业发展技能培训380人；配合国家林业局对全县到期的退耕还林面积进行了检查验收，全县退耕还林面积保存率、建档率、管护率、林权证发放率均达到100%。（2）石漠化综合治理工程。完成岩溶地区石漠化综合治理工程人工造林0.5452万亩，封山育林2.0801万亩。分别占任务数的100%。（3）森林抚育工程。完成森林抚育5万亩，占任务数的100%，森林的生态功能、固碳效能将进一步得到提高。（4）低效林改造工程。在确保林业生态安全的基础上，坚持发展与保护并举，实施低效林改造。全年共完成改造5万亩，占任务的100%，其中，树种更替4.8万亩，综合改造0.2万亩。

第二节　尊重自然——建立共生共融的生态农林体系

富宁县是文山州的林业大县，全县森林资源丰富，野生动植物资源种类繁多，生态湿地面积广阔，县内有省级自然保护区。近年来，富宁县紧紧围绕建设生态文明、发展现代林业的工作部署，按照生态建设产业化、产业发展生态化的总体思路，立足于生态改善、加快森林植被恢复、培育森林资源，以促进农民增收为出发点，以实现林业"双增"为目标，以产业发展为突破口，全面稳步实施生态建设和保护工程，在加快实现资源增长、生态增效、产业增值、林农增收、林区和谐、科学发展上取得了积极的成效。全县森林覆盖率从"十一五"期末的42.04%提高到了52.02%，林业产值从"十一五"期末的1.88亿元提高到了4.5亿元。

一　林业生态建设工程

积极抓住国家支持林业发展、建设生态文明的政策机遇，以绿化荒山、改善生态、提升质量、促进增收为目标，围绕国家重点规划项目，争取国家投入实施林业生态工程建设。"十二五"以来，全县共投资10869.82万元，实施森林抚育11万亩，完成中央财政补贴造林5万亩，石漠化综合治理8.54万亩，速生用材林建设15万亩。完成义务植树390万株。

二　退耕还林工程

"十二五"以来，全县共完成退耕还林配套荒山造林0.5万亩；完成巩固退耕还林成果后续产业发展种植业10.7万亩，补植补造1.34万亩，农村能源建设太阳能1050台，后续产业发展技能培训1320人；完成陡坡地生态治理1万亩。

三　低效林改造

富宁县实施低效林改造工程严格按照国家和省、州、县相关的低效林改造评判标准、技术标准、实施意见及规划和管理办法等要求，坚持生态优先、统筹兼顾、多渠道投入、尊重农民意愿、分类指导、突出重点、先易后难、依法依规的原则，按照规划的改造范围、评判标准、改造方式、限制区域、作业设计实施。"十二五"以来，全县共完成改造17万亩，其中，树种更替11.8万亩，综合改造5.2万亩。

四 特色产业发展

结合富宁县区位优势和水热条件及林地资源情况，把特色林产业作为山区人民群众脱贫致富的重要产业来抓，通过制定总体规划和专项产业发展规划、出台林产业发展扶持政策，扶持发展林业企业、专业合作社、林农大力发展油茶、八角、速丰林、核桃等特色经济林产业，扶持和鼓励群众利用丰富的森林资源和广阔的林荫空间发展草果、药材等林下经济。"十二五"以来，全县共完成油茶种植35.91万亩，老林改造10万亩，发展核桃2万亩，八角种植1.5万亩，速丰林15万亩，发展林下种植草果和石斛、牛大力、鸭胆子等中药材5.5万亩。

富宁县特色经济林产业发展现状：

——八角。根据调查资料显示，目前全县八角种植面积为47.5万亩，其中，挂果林面积为47万亩，2011—2014年新植面积为0.5万亩，在挂果林面积中，盛产期面积为26.11万亩，初产期面积为9.52万亩，衰产期面积为0.99万亩。主要分布在洞波、者桑等13个乡镇和两个国有林场，以20世纪80年代后期到90年代种植居多。2013年底，全县八角产量11306.5吨，产值13568万元。富宁县八角于1999年被中国特产之乡组委会命名为"中国八角之乡"称号。

——油茶。富宁全县现有油茶种植面积66.06万亩，分布在13个乡镇和金坝林场，种植户数有7032户。其中挂果林面积为15万亩，2011—2014年新植面积36.11亩，种植品种主要为白花油茶。2013年，油茶产量为1246.99吨，产值8347万元。

——核桃。作为该县木本油料产业之一，全县现有核桃种植面积为20.45万亩，其中，挂果林面积5000余亩。2011—2014年新植的面积有1万亩，主要分布在新华、里达、木央、田蓬一带。2013年末，全县核桃产量为1119.3吨，产值1311万元。

——油桐。富宁县油桐现有面积2.9519万亩，是富宁县"九五"、"十五"期间发展的经济林树种，90%以上是农民分户经营，普遍零星分散。2013年产量7974.7吨，产值2166万元，全县13个乡镇均有分布。由于投资和技术上的原因，群众经营的油桐没有形成规模，管理粗放、产量低，对所产桐果群众主要是直接出售原料或者用作低档商品原料处理，平均价格约为1.4元/公斤。

五 农村能源建设

随着农村经济社会的不断发展，农村群众对新能源建设的需求量不断增大，富宁县坚持把农村能源建设作为改善农村生产生活条件、促进生态文明建设和农民增收的重要举措来抓，积极争取农村能源建设项目，结合挂钩扶贫、美丽乡村建设等工程，大力推广实施沼气池、太阳能、节柴改灶项目。"十二五"以来，全县共完成沼气池建设2280口，安装太阳能热水器5500户，节柴改灶2230户。

六 生态公益林补偿

按照国家和省级公益林区划界定和补偿资金管理办法，纳入森林生态效益补偿的公益林面积共89.94万亩，其中：国家级公益林面积65.94万亩，省级公益林面积24万亩。国家级公益林中，按性质分，国防林23.7275万亩，水土保持林42.2125万亩；按等级分，一级保护23.7275万亩，二级保护42.2125万亩；按权属分，集体公益林60.0148万亩，个人公益林5.9252万亩。省级公益林中，按权属分，国有公益林4.27万亩，集体公益林19.7116万亩，个人公益林0.0184万亩。"十二五"以来，全县共兑现森林生态效益补偿资金2617.2828万元，其中：国家级公益林补偿2072.0344万元，省级公益林补偿545.2484万元。同时，富宁县积极争取省州公益林统筹资金，投入公益林林区基础体系建设，促进生态环境改善，2011年以来，富宁县先后争取和投入公益林基础设施建设资金125.6万元，修建公益林区道路20公里，病虫害防治5400亩，实施补植补造9921亩。

七 自然保护区建设

富宁县驮娘江自然保护区为省级自然保护区，总面积286920亩，其中：剥隘片区216555亩，干南片区9990亩，鸟王山片区22260亩，谷拉河片区38115亩。自然保护区作为富宁县森林资源的重要组织部分，辖区内的野生动植物资源种类多，多种野生动植物被国家列为保护类别，具有极其重要的保护价值。"十二五"以来，富宁县通过争取，在自然保护区内设立了省级陆生野生动物疫源疫病监测站，实施了物种零灭绝保护行动和野生动物肇事补偿，投入32万元建立了西畴青冈、蒜头果野生植物小种群保护区，完成了德保苏铁、云南拟单性木兰、水松、喙核桃的野外救护与繁育项目的申报；开展野生动物肇事补偿调查，共调查受损面积2348.4亩，兑现野生动物肇事补偿资金34.0226万元；完成了保护区内湿地资源调查，共调查湿地总面积94244.7亩，占国土面积的1.19%，湿地斑块143个，包括河流湿地、人工湿地、沼泽湿地3种类型。其中，自然湿地（河流湿地、沼泽湿地）45757.35亩，占湿地总面积的48.55%，人工湿地48487.35亩，占湿地总面积的51.45%，为下一步云南省实施退耕还湿、湿地生物恢复与重建工作奠定了良好的基础。

总体而言，富宁县的生态状况在明显改善，但由于受过去历史战争的破坏，以及社会的不断发展对林业资源的需求，广大群众普遍缺乏生态保护意识，受经济利益驱动，破坏生态行为时有发生，生态环境总体在恶化，局部在改善，治理能力远远赶不上破坏速度，生态赤字逐渐扩大。

第三节　顺应自然——积极探索和发展循环经济

一　集约利用各种要素资源

认真落实最严格的耕地保护制度，保护红线，保障发展，强化新增用地总量控制、指标前置控制和事后监督管理。进一步盘活企业和城镇建设中的存量建设用地，发挥投资开发公司作用，收储工业用地，鼓励标准厂房和多层厂房建设，倡导土地零地价技改和招商，进一步提高土地集约利用率。注重能源资源节约和合理利用，大力推进工业结构调整，重点抓好高耗能行业和企业节能工作。大力发展农村沼气工程，推广使用风能、太阳能等自然能源和新型能源，推动新建住宅、公共建筑节能和现有建筑节能改造，推广节能环保型家电产品。大力倡导合理、有序、节约用电，提高电力资源的使用效率。大力推进节能技术的开发、引进、吸收和推广应用，构建节能技术服务体系。强化全民节水意识，加大节水工作力度，切实保护和合理利用水资源。加强重点行业原材料消耗管理和新材料、新产品应用范围，推广使用再生材料和替代材料，鼓励生产和使用以固体废弃物为原料的新型建材产品。加快技术创新和技术改造，提高重点行业原材料利用水平，减少原材料浪费。

二 大力发展循环经济

坚持"减量化、再利用、资源化、无害化"的原则，整体推进循环经济发展。主动调整产业结构和布局，突出抓好资源节约型和环境友好型产业发展，重点做好归朝生物资源加工区、板仑冶金建材加工区和普阳煤化工产业区各种废物的循环利用，发展循环经济。以推行清洁生产为重点，加强区域工业生态化与企业生产清洁化改造，促进企业节能降耗和减污增效，大力推进资源综合利用。严格贯彻落实国家关于资源节约和综合利用的各项激励政策，鼓励企业、社区、个人投资参与废物综合利用和再生资源回收利用，以再生金属、废旧轮胎、废旧家电及电子产品为重点，扶持壮大一批资源综合利用企业。探索建立城乡垃圾分类收集处置系统，鼓励采用压缩式收集和运输。大力推广农业废弃物生态化处理和资源化利用，保护广大农村秀美山川。

三 认真落实国家产业政策

实施污染源头控制，严把建设项目准入关。继续实施污染物排放总量控制，严厉打击不法排污企业的环境违法行为，最大限度地减少废弃物排放，工业废水、废气排放达标率达到100%。大力发展生态农业，推广使用有机肥，削减化肥、农药施用量。积极探索建立长效管理机制，逐步推进农村垃圾集中收集处理，大力实施城镇"两污"处理工程，不断提高"两污"集中处理率。进一步扩大水源保护区范围，加强对清华洞水库、那马河等饮用水源的保护力度，严厉查处和制止在饮用水源保护区影响水质的行为。抓好生态公益林建设，建成一批绿色生态示范村。加强矿点植被恢复建设，"关、停、并、转"对生态环境破坏性强的小型采矿企业和采矿点，按照规划要求有序完成废弃矿点治理和生态恢复工作。

第四节 保护自然——创新生态环境保护管理体制

建设生态文明，是关系人民福祉、关乎民族未来的长远大计。面对资源约束趋紧、环境污染严重、生态系统退化的严峻形势，党的十八大报告将生态文明建设纳入社会主义现代化建设总体布局，提出建设生态文明、建设美丽中国。2013年9月，国家林业局印发《推进生态文明建设纲要》，明确提出推进生态文明建设的战略任务是紧紧围绕生态林业和民生林业两条主线，着力构建国土生态空间规划体系、重大生态修复工程体系、生态产品生产体系、维护生态安全的制度体系和生态文化体系，全面推进生态文明建设。2014年2月，云南省林业厅提出实施生态文明建设林业十大行动计划，全面实施生态红线保护、陡坡地生态治理、生态公益林保护、物种零灭绝、重点区域生态保护与修复、高原湿地保护与修复、森林生态服务功能提升、林业产业振兴、森林灾害防控、生态文化建设。为贯彻落实云南省争当全国生态文明建设排头兵的决定，2014年4月，县委、县人民政府出台了《中共富宁县委、富宁县人民政府关于贯彻省委省政府争当全国生态文明建设排头兵决定的实施意见》（富发〔2014〕2号），提出了大力实施水资源可持续利用工程、循环经济和低碳产业发展工程、森林生态系统保护工程、环境综合治理工程等在内的15项工程。结合富宁县生态文明建设需要和实际，制定了《富宁县生态县建设规划》，待县委、县政府审定执行。为加强林地保护利用，富宁县全面统筹协调林地资源的保护与开发利用，提升资源承载能力，保障林地资源可持续利用，编制了《云南省富宁县林地保护利用规划》（2010—2020年），于2013年6月经县人民政府批复实施。

保护生态、改善生态是社会持续发展的基础，良好的生态环境是人类赖以生存发展的基本条件。"十三五"期间，富宁县将坚持经济发展与生态保护同步，以建设"森林富宁"为目标，以森林生态体系、森林生态网络为主题，以优化林种树种结构为主线，以保护和改善生态环境和发展林业产业为重点，以科技进步和外向带动为动力，以促进生态的良性循环、林业经济全面可持续发展和农民增收为根本出发点，树立"生态立县"的基本理念，深化改革、分类经营、分区施策，依靠科技创新和体制创新，加强林业产业化建设，重点抓好以下几个方面的工作。

一 明确生态环境保护体制机制创新工作目标

富宁县应以坚持以推进生态文明建设、建设"美丽富宁"为根本指向，坚持新型工业化、信息化、城镇化、农业现代化同步发展，牢固树立保护生态环境就是保护生产力、改善生态环境就是发展生产力的理念，坚持保护优先方针，不断探索环境保护新路，从宏观战略层面切入，从再生产全过程着手，从形成山顶到江河流域、天上到地下的一体化污染物统一监管模式着力，准确把握和自觉遵循生态环境特点和规律，维护生态环境的系统性、多样性和可持续性，增强环境监管的统一性和有效性。

二 建立环境保护管理制度，独立进行环境监管和行政执法

保护生态环境，应以解决环境污染问题为重点，以改善环境质量为出发点和落脚点。污染降不下来，环境质量就提不上去，人民群众也就不会满意。优先解决损害人民群众健康的大气、水、土壤等突出环境污染问题，是环境保护工作的重中之重。一是建立统一监管所有污染物排放的环境保护管理制度，对工业点源、农业面源、交通移动源等全部污染源排放的所有污染物，对大气、土壤、地表水、地下水和水库等所有纳污介质，加强统一监管。二是坚持将环境保护要求体现在工业、农业、服务业等各领域，贯穿于生产、流通、分配、消费等各个环节，落实到县级各部门、乡镇政府机关、学校、科研院所、社区、家庭等各方面，严格环境法规政策标准，进行综合管理，实现要素综合、职能综

合、手段综合，实现污染治理全防全控。三是协调处理好污染治理、总量减排、环境质量改善的关系，把环境质量反降级作为刚性约束条件，确保区域流域的环境质量不降低、生态服务功能不下降。

三 建立陆水统筹的生态系统保护修复和污染防治区域联动机制

驮娘江自然保护区、那马河流域、谷拉河流域、南利河流域和白色水利枢纽剥隘库区集中了该县大部分重要生物资源，承载了重要的生态服务功能。要在这些区域划定并严守生态红线，建立生态系统保护修复区域联动机制。强化区域间工作会商，及时就生态保护修复情况进行交流、沟通和协商。加大区域联合执法力度，对突出违法行为进行联合查处。构建生态保护信息共享平台，做到信息互换互通。

四 健全国有林区经营管理体制，推进集体林权制度改革

国有林区是重要的生态安全屏障和森林资源培育战略基地，在维护国家生态安全、木材安全、物种安全、粮食安全等方面具有特殊地位。要深入实施以生态建设为主的林业发展战略，改革森林资源管理体制，建立健全国有森林资源监督管理体系，搞活企业经营机制。改革完善政策支持体系，加强国有林区基础设施建设，妥善安置富余职工，推动林区经济转型，增强林区发展活力。

在推进集体林权制度改革过程中，始终坚持家庭承包经营制度，大力促进集体林区绿色富民产业发展，该县已基本完成了集体林地明晰产权、承包到户的改革任务，实现了"山定权、树定根、人定心"。在今后的工作中，要按照资源增长、农民增收、生态良好、林区和谐的目标，加大对林下经济、农民林业专业合作组织、森林保险等的支持力度，努力推进林权抵押贷款，规范和监督林地流转，探索林木采伐管理制度改革，加强集体林地基础设施建设。

五 完善环境信息公布制度，健全举报制度

环境保护人人有责，必须充分调动一切因素，动员全社会力量共同参与。要广泛深入地宣传生态文明理念和环境保护知识，使其上课本、

进社区、入工厂，提高全民环境意识。强化环境信息公开，扩大公开范围，完善公开方式，保障公众环境知情权、参与权和监督权。对涉及民生、社会关注度高的环境质量监测、建设项目环评审批、企业污染物排放等信息以及环境状况、重要政策措施和突发环境事件，要及时公开，主动向社会通报。对涉及群众利益的重大决策和建设项目，要广泛听取公众意见和建议。要引导企业进一步增强社会责任感，真实客观地公开环境信息，监督企业按规定公开污染物排放自行监测信息。

实行有奖举报制度，鼓励公民、法人和其他社会组织就生态环境问题进行举报，切实保护举报人合法权益。全面实施环保举报投诉热线畅通工程，精心做好环境权益被侵害群众来信来访工作，加大受理督办落实力度。发挥好公众、新闻媒体和社会组织的监督作用，构建全民参与的社会行动体系，推行绿色健康文明的生活方式。加强舆论引导，积极主动回应公众关心的环境问题。

六 完善污染物排放许可制，实行企事业单位污染物排放总量控制制度

排污许可是一项国际通用的环境管理制度。我国《大气污染防治法》、《水污染防治法》等法律对实行排污许可有原则性规定，但许可条件、程序等具体规定尚未明确。要完善污染物排放许可制度，规范污染物排放许可行为，禁止无证排污和超标准、超总量排污。实行企业污染物排放总量控制制度，推进行业性和区域性污染物总量控制，使污染减排与行业优化调整、区域环境质量改善紧密衔接，做到增产不增污或增产减污。在总结排污权交易试点经验的基础上，加快实施各类排污指标的有偿使用和交易，加强排污权交易的组织机构和监管能力建设。

七 实行生态环境损害赔偿和责任追究制度

强化生态环境损害赔偿和责任追究，既是保护公民环境权益、维护社会公平正义的重要措施，也是提高企业违法成本、震慑企业违法排污行为的根本对策。要完善生态环境损害赔偿制度，将生态环境损害与公民损害列入赔偿范围。建立环境损害鉴定评估机制，合理鉴定、测算生态环境损害范围和程度，为落实环境责任提供有力支撑。加强行政执法

与司法部门的衔接,推动环境公益诉讼。对排放污染物造成严重后果的,要依法追究刑事责任。

十八届三中全会《关于全面深化改革若干重大问题的决定》强调,"建设生态文明,必须建立系统完整的生态文明制度体系"。生态文明制度体系主要包括决策制度、评价制度、管理制度、考核制度等内容。目前,富宁县在生态文明建设制度体系建设方面,还需要进一步的建立、健全和完善。

生态文明决策制度,重点要从统筹全县发展的层面上制定贯彻落实国家和省、州决策的实施意见,出台扶持生态项目的相关政策,规范林地利用保护的具体措施等方面入手,搞好顶层设计和整体部署。

生态文明评价制度,重点要把资源消耗、环境损害、生态效益纳入经济社会发展评价体系,建立体现生态文明要求的目标体系,把经济发展方式转变、资源节约利用、生态环境保护、生态文明制度、生态文化、生态人居等内容作为重点纳入到目标体系中来作总体评价。

生态文明管理制度,重点要建立空间规划体系,划定生产、生活、生态空间开发管制界限,落实用途管制,健全能源、水、土地节约集约使用制度、自然资源资产管理体制,完善自然资源监管体制、环境标准体系,着力推进重点流域水污染治理和重点区域大气污染治理,依法依规强化环境影响评价,建立开发与保护地区之间、上下游地区之间、生态受益与生态保护地区之间的生态补偿机制,研究设立国家生态补偿专项资金,健全生物多样性保护制度,加快自然资源及其产品价格改革,继续深化绿色信贷、绿色贸易政策,加强保护生态的行政执法,促进生态体系建设法制化。

生态文明考核制度,重点要将生态文明建设水平和环境保护成效的指标纳入地方领导干部政绩考核评价体系,大幅提高生态环境指标考核权重,在限制开发区域和禁止开发区域,主要考核生态环保指标,严格领导干部责任追究,对领导干部实行自然资源资产离任审计,建立生态环境损害责任终身追究制。对造成生态环境损害的责任者严格实行赔偿制度,依法追究刑事责任。

主要参考文献

1. 中共富宁县委、县人民政府：《中共富宁县委贯彻落实〈中共中央关于全面深化改革若干重大问题的决定〉的实施意见（草案）》，2014年。
2. 中共富宁县委、县人民政府：《富宁县2014年政府工作报告》，2014年。
3. 中共富宁县委、县人民政府：《富宁县2013年政府工作报告》，2013年。
4. 中共富宁县委、县人民政府：《富宁县2012年政府工作报告》，2012年。
5. 中共富宁县委、县人民政府：《富宁县2011年政府工作报告》，2011年。
6. 中共富宁县委、县人民政府：《中国人民政治协商会议富宁县第九届委员会常务委员会工作报告》，2014年。
7. 中共富宁县委、县人民政府：《中国人民政治协商会议富宁县第八届委员会常务委员会工作报告》，2012年。
8. 中共富宁县委、县人民政府：《富宁县"十二五"农村扶贫开发规划（2011—2015年）》，2011年。
9. 中共富宁县委、县人民政府：《富宁县"三农"发展大规划》，2011年。
10. 《富宁县国民经济和社会发展第十二个五年规划纲要（2011—2015年）》。
11. 中共富宁县发展与改革局：《富宁县"十二五"规划纲要中期评估报告》，2013年。
12. 陆学艺：《"三农"续论：当代中国农业、农村、农民问题研究》,重庆出版社 2013 年版。

13. 黄祖辉:《中国"三农"问题解析:理论述评与研究展望》,浙江大学出版社 2012 年版。

14.《中华人民共和国国民经济和社会发展第十二个五年规划纲要》,人民出版社 2011 年版。

15. 秦晖:《市场的昨天与今天:商品经济·市场理性·社会公正》,东方出版社 2012 年版。

16. 张瑞才:《云南全面建设小康社会县域发展研究——以五华区为例》,中国书籍出版社 2004 年版。

17. 罗家祥:《边疆老区发展探索——以富宁县为例》,云南人民出版社 2012 年版。

后　记

笔者一直认为，县域经济社会发展的实践与探索，是最生动丰富、也最具挑战和创新的社会实践之一。在全面深化改革的背景下，富宁作为中国的一个边境民族县，沐浴着改革的春风，担当着改革的责任，憧憬着改革的未来，在经济、政治、文化、社会、生态各个方面勇于尝试，坚定地走着全面深化改革的步伐。本书不可能面面俱到地描述这其中的成功，也难以将发展探索中的失误、失策入木三分地予以鞭挞，然而，本书在尽可能地展现一个全面深化改革背景下的真实富宁。

本书在编写过程中，参阅了大量的著作和文献，吸取了其中的丰富营养，在此对有关专家学者诚表谢意。本书特别得到了富宁县崔同富、陆勇、杨秀祥、韦思亮、郭跃进、李广生等各位朋友的鼎力支持，富宁县的各部门、各乡镇和驻富宁各有关单位提供了大量的资料和素材，方使本书的内容丰富、完整，在此深表感谢。红河学院的杨六金、张灿邦、龙倮贵、王杰康诸位先生及其龙庆华女士对本书的研究、撰写、体例、出版给予大量的无私的指导和帮助，如果没有他们积极的鼓励和耐心的帮助，此拙著是无法与读者见面的。在此，特向他们表示最诚挚的谢意。

因作者水平不高，学识有限，分析研究的观点不够成熟，研究方法不够科学，概括阐述的能力明显不足，错漏瑕疵更在所难免。然而，本书的写作和出版，意在对边境富宁、对美丽壮乡添一瓦，将这个不为大多数人所熟知的富宁展现在人们的面前，客观分析发展成绩，认真总结发展经验，积极探索发展规律，期冀在新一轮的改革推动下，富宁的明天会更好！

2015 年 3 月
罗家祥于红河学院有鸣潭